둘째는

아빠가

다 키웠어요

진짜 아빠로 함께 걷는 육아의 여정
둘째는 아빠가 다 키웠어요
초판 1쇄 발행 2022년 3월 18일

지은이 조연호
편집디자인 컨텐츠조우
펴낸곳 컨텐츠조우
펴낸이 최재용
출판등록 2018년 3월 29일 제 2021-000003호
주소 서울시 도봉구 우이천로50길 28-3
전화 02-310-9775
팩스 02-310-9772
전자우편 jowoocnc@gmail.com

ⓒ조연호 2022
ISBN 979-11-91173-04-8

*책값은 뒤표지에 있습니다.
*잘못된 책은 바꾸어 드립니다.
*이 책의 내용은 저작권법의 보호를 받습니다. 무단 전재와 무단 복제를 금합니다.

진짜 아빠로 함께 걷는 육아의 여정

둘째는 아빠가 다 키웠어요

조연호 지음

프롤로그

둘째는 아빠가 다 키웠어요

'남자 어른'과 '아빠' 사이

40년을 넘게 살았습니다(이 책이 나올 때쯤에는 45세입니다. 40대 중반에 들어서네요). 초등학교, 중학교, 고등학교 일반 교육과정을 보내고 대학교 4년을 마쳤고요. 국방의 의무는 생각만 해도 추운 강원도 철원에서 건강하게 마쳤습니다. 개인마다 다른, 저마다 삶의 특징들을 제외하면 대한민국 국민의 일반적인 삶에서 크게 벗어나지 않았습니다. 하지만 제가 살아온 40여년은 우리 부모님 세대와는 너무 다릅니다.

제게 마흔을 가리키는 가장 익숙한 말은 공자가 논어에서 말했다는 불혹(不惑)입니다. 어지간한 유혹에는 굴하지 않는 꽤 성숙한 인간! 하지만 요즘 40대가 '불혹' 한가요? 우리 아버지가 제 나이이셨을 때와 지금의 저를 비교해 보면 아이들은 훨씬 어리고, 아버지가 그때 이미 이뤘던 것들을 여전히 갈망하고 있습니다. 기대 수명과 평균 수명이 늘어나면서 살아갈 날도 많이 남아있고, 여

전히 잡아끄는 유혹도 많은 점에서 아직은 청춘인가 봅니다. 20대의 '찐' 청춘과 다른 점은 공식적인 청춘으로 인정받지 못하는 주변인이라는 데 있겠지요. 이탈리아 작가 파올로 코네티(Paolo Cognetti)의 『여덟 개의 산』에서는 돌아가신 아버지와 주인공 세대의 다름을 아래와 같이 표현했습니다.

> "내 나이 서른한 살은 그의 서른한 살과 닮은 구석이 거의 없었다. 나는 결혼을 하지 않았고 공장에 취직하지도 않았으며 아들도 없었다. 아버지는 예순둘의 나이로 돌아가셨고 그때 나는 서른한 살이었다. 장례식 때에야 비로소 내가 태어났을 때의 아버지 나이를 알게 되었다."
>
> -파울로 코네티『여덟 개의 산』중

달라도 정말 많이 다릅니다. 저뿐만 아니라 현재 40대로 살아가는 남성이라면 위의 구절을 읽으면서 고개를 끄덕일 거로 생각합니다. 제 아버지 서른 살에는 제가 있었습니다. 그러나 저는 서른다섯이 됐어도 자녀가 없었습니다. 직업도 마찬가지입니다. 아버지 세대의 서른 살에는 안정적인 직장에 다녔지만, IMF 이후에 사회로 나온 우리 세대는 안정적인 직장을 바라기 힘들었고, 부모님 세대가 자연스럽게 누렸던 '에스컬레이터 효과'도 누릴 수 없었습니다. 더구나 앞으로의 세대는 "직업을 스스로 만들어야 한다."라고 하니, 점입가경(漸入佳境)이 아닐 수 없습니다.

함께 걷는 부모

우리나라는 아직 가부장적 관습에 길들여져 있고 사회 전체적으로 변화가 더뎌 여성들은 여전히 기울어진 운동장에서 달리고 있습니다. 그나마 다행스럽게도 가장 기본적인 사회 단위인 가정에서는 남녀평등이 조금씩 움트고 있습니다. 그 예로 요즘 부부는 가사를 당연히 함께하는 것으로 여깁니다. 저의 한 지인은 "오늘은 내가 설거지 좀 도와줄게."라고 했다가 "왜 도와준다고 생각하지?"라는 아내의 반문에 절절매며 해명해야 했다고 합니다. "설거지(를 비롯한 집안일 전반)는 부부 공동의 일이다!"라는 것을 인식하고 있었지만, 관습에 익숙해져 있다 보니 실언을 한 것이지요. 남자만 불쌍해졌다고 이야기할 수도 없습니다. 여자들도 집을 고치고 차도 정비합니다. 제가 아는 지인 부부는 남편이 디스크가 심해서 아내가 무거운 짐을 운반합니다. 저희 아내 역시 크고 작은 집안의 궂은일을 마다하지 않습니다. 집안일의 분배를 개개인의 상황, 성향과 취향에 따라 나누는 가정이 꽤 많아졌습니다. '졸혼'과 '황혼이혼'이 많아지고 있습니다. 이와 같은 현상도 남녀평등이라는 관점에서 바라보면 과거와 비교할 때 발전한 모습이라고 할 수 있습니다. 특히, 여성에게 주홍글씨를 새겼던 '별거'와 '이혼'에 대한 편견이 많이 줄었다는 의미로 이해할 수 있지 않을까요?.

그럼에도 불구하고 여전히 육아와 관련한 부분만큼은 아내가 '주'가 되고 남편이 '부'가 돼 거들어 주는 위치에 머물러 있습니다

다. 물론 남편이 좋은 조력자라면 아내의 불평도 적겠지만 보조를 자처한 남편일수록 육아에 적극적으로 참여하지 않아서 결국 아내의 불만을 차곡차곡 적립하게 합니다. 사실 저도 '아이만큼은 엄마가 아빠보다 더 잘 돌본다.'라고 확신했던 사람이었습니다. 엄마 배 속에서 10개월 동안의 밀착 기간을 보내고 세상에 태어난 아기와 엄마와의 애착 관계를 넘어서는 건 불가능하다고 생각했었으니까요. 뭐든지 아내가 더 잘한다고 무조건 생각했습니다. 그러나 둘째가 태어나고 나서 이런 편견에서 벗어날 수 있었습니다. 결국, 경험이 답이었습니다.

 육아는 절대 쉽지 않습니다. 부부 모두 잘 알고 있습니다. 그러니 자녀 육아에 더 많이 관여하는 배우자를 존중하고 그 노고를 인정해줘야 합니다. 그리고 더 적극적으로 육아에 참여하고 간섭해야 합니다. 엄마한테 아이의 모든 일거수일투족을 맡기고 본인은 경제활동에 집중하는 것이 현실적으로 옳다고 생각하는 남편(아빠)이 있는데, 그러다 보면 가족 구성원으로 인정받기보다는 외부인으로 남게 될 가능성이 큽니다. 그러다 보니 많은 통계가 아빠한테 불리합니다. 하지만 이런 결과는 자업자득이 아닐까요?

 수많은 아이가 '헬리콥터 엄마'를 따라 학원가를 전전합니다. 엄마는 아이에게 좋은 교육을 경험시켜주기 위한 노력이자 경쟁력 있는 인재로 키우는 방법이라고 생각합니다. 하지만 아이들은 힘겨워합니다. 당연한 말이지만 일상이 힘겨운 아이들은 행복하기 어렵습니다. 그리고 '헬리콥터 엄마'라는 표현의 근저에 깔린

둘째는 아빠가 다 키웠어요

내용은 아빠의 무관심입니다. 결국, 부부 공동의 육아 참여가 이뤄지지 않는다면 아이들의 행복도 요원할 수 있다는 의미입니다. 아이들의 행복을 위해서는 엄마 아빠가 힘을 합해야 합니다. 엄마 혼자 아이 위에서 선회하며 아이를 이리저리 몰아가지 말고 함께 신을 신고, 배낭을 메고, 길을 나서 '함께 걷는' 부모가 되어주면 어떨까요?

　　　　40대이지만 아직도 혼란하고 불안한 청춘이었던 저는 엄마의 육아를 돕기 위해서가 아닌 아빠로서의 육아를 위해 공부를 시작했습니다. 어쩔 수 없이 육아를 해야만 했던 상황이었기에, 아이들을 위해서 그리고 저를 위해서 공부했습니다. 육아에 대해서 알려주는 수많은 책이 있습니다. 하지만 책은 서점에 가거나 인터넷으로 찾지 않으면 내 손에 잡히지 않습니다. 혹, 집까지는 잘 배달됐어도 내 머릿속으로 들어가는 일은 또 다른 수준의 일입니다. 그리고 이론적으로 이러쿵저러쿵해봐야 소용없습니다. 일단은 아빠도 육아에 뛰어들어야 합니다. 그래야 바른 육아 공부(체험)를 할 수 있습니다. 아무리 이론적으로 기저귀 가는 법을 배워도 실제로 해보지 않으면 절대 숙달되지 않습니다.

　　　　또 매년 육아에 관련한 새로운 개념이 나오고 있어서 과거에는 당연하게 '해야' 했던 일들이 하루아침에 '하지 말아야' 할 일이 되기도 합니다. 그러니 부모는 누구라도 열린 마음으로 계속해서 육아 관련 학습을 하고 열심히 주변의 다른 부모들과 나눠야 합니다.

　　　카페에서 이 글을 쓰고 있는 제 뒤쪽으로 열정적으로 자녀 이야기를 하시는 분들이 있네요. 저쪽 테이블에 합석해서 같이 나누고 싶은 이야기와 마음들을 이 책에 담았습니다.

덧+ 1> 이 책이 출간되는 날은 첫째 딸 안아의 생일입니다. 아빠는 딸의 생일을 특별히 기념하고 싶은 마음에서 날짜를 맞췄는데, 이 말을 들은 안아는 "싫어요!!!"라고 하네요. 저는 안아의 마음을 이해합니다. 10살짜리 숙녀의 마음에 생일 날 책 선물은 별로겠죠.

덧+ 2> 제 인생의 두 심장이 되어준 두 딸과 칠흑같이 어두운 인생의 길에 환한 빛이 되어준 아내에게 진심으로 사랑한다는 말, 그리고 감사하다는 말을 전합니다.

차례

프롤로그 4

1. 홀로, 그리고 둘이서

여기가 인생 막장? 14 / '포기'에서 '제자리'로 17 / 첫 만남에서 결혼까지 20 / 결혼식도 행사처럼 22

2. 기다렸던 책임감

아곤이의 등장 28 / 아빠의 육아 Talk "출산 준비요? 아내가 이것저것 열심히 하고 있더라고요!" 31 / 아무것도 모르는 남편, '좋은 아빠'는 될 수 있을까? 32 / 아빠의 육아 Talk "아기가 태어나면 내 시간이 없다는데, 지금이 마지막 기회 아닙니까?" 37 / 생딸기와 콩가루 묻은 떡 38 / 아빠의 육아 Talk "나 그런 거 낯 간지러워서 잘 못하잖아! 알면서~" 43 / 1년의 신혼 그리고 본가(시댁)살이 44 / 아빠의 육아 Talk "저는 이제 아내의 눈빛만 봐도 다 알아요." 49 / 아곤이를 처음 만난 날 50 / 아빠의 육아 Talk "내가 대신 낳아 줄 수는 없으니까…" 54 / 아빠가 됐다는 느낌 55 / '조안아'로 할게요 56 / 아빠의 육아 Talk "아기가 울지만 않으면 저도 잘 볼 수 있죠." 63 / 나쁜 남편, 불효자가 되다 64 / 아빠의 육아 Talk "그래도 엄마가 하는 게 더 나으니까." 71 / 멀고, 먼, 처가로 73 / 주말 부부 74 / 기저귀가 무서운 아빠 77 / 육아 DNA를 찾아라! 82 / 아빠의 육아 Talk "애 볼래, 군대 갈래 하면 난 군대 간다!" 86 / 육아의 기본에 충실해야 할 때 87 / 내 예쁜 눈에서 눈물이! 90 / 아빠의 육아 Talk "애가 혼자 놀 때나 낮잠 잘 때 하고 싶은 일 하면 되잖아?!" 95 / 첫 아이 어린이집 보내기 97 / 아빠의 육아 Talk "아빠는 교육에 무관심하라고 배웠습니다만…" 100 / 울고, 또 울고 101 / 부모와 자녀와의 신뢰 105 / part time 육아 아빠 108

둘째는 아빠가 다 키웠어요

3. 뜻밖의 선물, 전담 육아

아빠의 '자유'는 무지개였습니다 112 / 아빠의 육아 Talk "둘째는 첫째보다 훨씬 편하대~" 114 / 둘째 맞이를 위한 아빠의 노력 115 / 아빠의 육아 Talk "둘째니까, 그렇게 많이 준비할 건 없을 것 같아요." 118 / 내가 데리고 잘게 119 / 두 아이를 같이 120 / 아빠의 육아 Talk "아이 키우는 거, 닥치면 다 하더라고요!" 124 / 주아를 데리고 자면서 125 / 육아를 위한 육아 기록 시작 127 / '찐' 육아 시절 : 베이비시터의 공백 128 / 첫 이유식 만들기 131 / 아빠의 육아 Talk "집안일하고 애 보는 거야 늘 하는 일 아닌가요?" 135 / 첫째는 음식을 쏟고 울고, 둘째는 토하고 울고 136 / 새벽에 깬 아기 달래기 140 / '똥'치우기 143 / 아빠의 육아 Talk "애 엄마가 없으면 제가 다하죠! 네? 있을땐요?" 145 / 주아의 첫 해외 여행 146 / 아빠의 육아 Talk "1박 2일이라도 혼자서 여행 가고 싶어요." 152 / 아이 간호하기 153 / 아빠의 육아 Talk "나는 내일 출근해야 하니까…" 158 / 안아의 질투 160 / 동생을 안고 걷는 언니, 언니를 달래주는 동생 163 / 아빠의 육아 Talk "첫째들은 다 겪는 일이잖아요. 자기가 감당해야죠!" 167 / 자유대신 얻은 행복 168

4. 함께 걷는 육아

엄마, 아빠가 함께 걷는 육아 176 / 부모의 행복 VS 아이의 행복 180 / 관습을 넘어서 진짜 아빠로 185 / 함께 걸으며, 대화하며 191 / 아빠가 잘못했어 195 / 무조건 수용은 체벌만큼 좋지 않습니다 199 / 완벽하지 못한 부모 그러나 완벽한 아이들 201 / 훈육도 맞춤형으로 204 / 교육과 학습에 대해 공부하다 207 / 학습 시간이 많아야 합니다 211 / 새로운 교육의 표준을 찾아서 215 / 언제 학습을 시작할까? 216 / 여섯 살 아이, 30분이면 충분합니다 220 / 싫어! 배우고 싶어! 안 배워도 돼! 222 / 경험은 참 좋은 교육 입니다 227 / 자녀 교육에서의 원칙 229 / 함께 걷는 교육 원칙 6가지 237

에필로그 249

1. 홀로, 그리고 둘이서

여기가 인생 막장?

저도 '3(집, 결혼, 자녀)포 세대' 중 한 명이었습니다. 나중에는 포기할 것이 늘어나면서 'N포 세대'에 합류했고요. 한 마디로 다 포기한 상황이었죠. 제게 이 세상은 '카프카'의 소설 『성(城)』과 같이 아무리 두드려도 열리지 않는 곳이었습니다. 절대 만만치 않았습니다. 괜찮은 대학에 다녔고, 나쁘지 않은 성적으로 졸업했습니다. 그리고 세상의 변화를 꿈꾸며 시민운동의 길로 나섰습니다. 그러나 좋은 일을 하고 싶어도 자리가 없었습니다. 가끔 있다가도 이슬처럼 사라졌습니다. 전역한 지 1년이 채 되지 않아 3년 동안 열심히 모았던 육군 장교 봉급이 모두 사라졌습니다. 그래도 '의미 있는 일을 했으니 내년에는 좋은 일이 있을 거야!'라고 생각하며 스스로 위로했습니다. 그러나 기대했던 '좋은 일'은 없었습니다.

　이후 1년 정도 일용직 근로자로 살았습니다. 공사판 잡일도 하고, 공장에 나가 쉼 없이 돌아가는 컨베이어 벨트 라인 앞에 생각 없이 서 있기도 했습니다. 18초마다 제 앞으로 도착하는 패널에 스티커 붙이는 작업을 정말 기계처럼 했습니다. '내가 기계인지, 기계가 나인지.' 인간이 아무 생각 없이 기계가 되는 일은 그리 어려운 일이 아니었습니다.

　그렇게 30대 초반이 흘러가고 있었습니다. 꺼지지 않는 공장의 불빛 아래서 인간이라는 정체성은 꺼버리고 살았습니다. 그리고 언젠가는 꺼질 불빛처럼 소멸할지도 모른다는 불안감이 항상

둘째는 아빠가 다 키웠어요

따라다녔습니다. 몸과 마음이 다 지쳤습니다. 그중에서도 마음이 더 힘들었습니다. 당연히 삶도 힘들었습니다. 육체의 피곤은 잠을 잘 자면 해결될 수 있었지만 미래에 대한 두려움은 한순간도 사라지지 않았습니다. 하루는 동행한 아저씨 한 분이 나이를 묻습니다.

"서른둘입니다."

"그래? 그러면 다른 일을 알아봐!"

"네?"

"이런 일은 인생 막장일 때나 하는 일이야! 아직 젊고 한창이잖아!"

'인생 막장'이라는 표현에 좌절했습니다. '결국, 이렇게 막장 인생을 사는구나!' 제가 20대였다면 '인생 막장'이라는 말을 듣지 않았을지도 모릅니다. '아르바이트를 하는구나!'라고 짐작하면서 넘어갔을 테니까요. 하지만 서른이 넘은 저는 누가 봐도 아르바이트생이 아니었습니다.

그 대화 이후 한 달쯤 지나서 일용직을 그만두고 학원 강사나 과외 자리가 있는지 알아봤습니다. 제가 원하는 시간에 할 수 있는 자리는 없었습니다. 급여도 생각보다 많지 않아서 학원 강사는 포기했습니다. 그러다가 '벼룩시장'을 펴보니 집에서 멀지 않은 곳에 방문 학습 지점에서 교사를 모집하고 있었습니다. 바로 전화했습니다.

"저는 OOO에 살고요. 한번 방문하려고 합니다."

"네. 여기는 OOO고요. 언제 오시겠어요?"

"네. 한 2시간 내로 가겠습니다."

지점장은 30대 중반 여성으로 열정이 있었습니다. 제 학벌이 나쁘지 않고 다른 교사들보다 상대적으로 어렸기 때문에 적극적으로 나왔습니다. 그래서 저도 제 요구 사항을 쉽게 꺼낼 수 있었습니다.

"첫 달에 최소 70만 원 맞춰 주시면 할게요."

"네. 그렇게 해 드릴게요."

"감사합니다. 그러면 어떻게 시작해야 할까요?"

"일단 본사 교육을 1박 2일 다녀오셔야 해요."

"네. 알겠습니다. 일정 정해주시면 다녀올게요."

70만 원은 당시에도 큰돈이 아니었습니다. 숙식을 본가에서 해결하고도 겨우 생활만 가능한 금액이었습니다. 얼마 후 본사 1박 2일 교육 일정에 참석했습니다. 잠은 집에 가서 자려고 숙박은 신청하지 않았는데 일정이 늦어져 집에 갈 수 없었습니다. 그래서 교육장 근처 찜질방에 들어갔습니다. 평일임에도 사람들이 꽤 있었습니다. 여기저기 웅성거리는 소리에 쉽게 잠을 잘 수 없었습니다. 늦은 밤까지 그렇게 누워 있자니 막막한 밤바다 같은 제 인생에 대해 많은 생각을 하게 됐습니다. '이제 좀 나아질까?'

어떻게 잠들었는지 얼마나 잤는지도 알 수 없었습니다. 하지만 시간이 돼 일어나서 찜질방을 나왔습니다. 교육 마지막 시간에는 테스트가 있었습니다. 요식행위긴 한데, 시험이라고 하니 조금 긴장됐습니다. 100점 만점에 문제는 스무 문제였습니다. 시험을 치르기 전 옆에 있는 40대 중반 정도로 보이는 다른 교사와 이야기를 나누게 됐습니다.

"나이가 어떻게 돼요?"

"서른둘입니다."

"그런데 이 일을 하시려고?"

"네."

"이런 일은 대학 졸업하고 정말 할 일이 없을 때 마지막으로 하는 일인데."

더 이야기를 나누지 않았습니다. 일용직 아저씨의 말과 다른 점은 '대학 졸업'이라는 단어뿐이었습니다. 그래도 그 시험은 잘 봤는지 제가 1등을 했다고 (나중에 주워) 들었습니다. 1등을 했기 때문인지 수업도 늘어나고 지점장님도 많이 밀어(?) 주셨습니다. 어쨌든 새롭게 시작한 일이어서 열심히 일했고, 잘 적응했습니다. 하지만 마음속에는 '인생 막장'이라는 단어가 항상 자리 잡고 있었습니다. '인생 막장이라? 내가 이렇게 살려고…' 직업에는 귀천이 없습니다. 그럼에도 저의 좋지 않은 상황이 '인생 막장'이라는 말에만 귀를 기울이게 하고 깊이 천착하게 했습니다.

<u>'포기'에서 '제자리'로</u>

가정 방문 학습 교사를 1년 정도 하고 나서 그만뒀습니다. 그리고 6개월 정도 이유를 알 수 없는 심각한 불면증에 시달렸습니다. 해

1. 홀로, 그리고 둘이서

가 지면 정신이 맑아지고, 해가 뜨면 울적해졌습니다. 체중도 많이 빠졌습니다. 하루에 한 끼도 제대로 먹지 못했습니다. '이러다 죽을 수도 있겠구나!'라는 생각이 잠시도 떠나지 않았습니다. 희망이 있는 사람은 큰 역경도 극복할 힘이 있습니다. 하지만 희망이 없는 사람은 작은 장애물도 넘기 힘듭니다. 넘어서려는 의지가 없기 때문입니다. 그러나 인생은 포기하지 않으면 또 다른 기회가 찾아오기도 합니다.

어느 날 선배와 만나기 위해서 신촌에 나갔습니다. 그 자리에는 선배의 친한 지인도 있었습니다. 선배가 저를 소개하면서 행사 준비와 진행을 정말 잘한다고 칭찬을 했습니다. 그 말을 들은 선배의 지인은 마침 다음 달에 자신이 속한 단체에 행사가 있는데 재능기부 형태로 행사를 맡아줄 수 있는지 물었습니다. 당시 제 통장에는 채 10만 원도 없었습니다. 순간 '재능기부라니요?'라는 말이 나올 뻔했습니다. 당시 수입이 전혀 없었기에 준비 기간 동안 오가는 교통비와 식비를 해결하는 것도 현실적으로 불가능한 상황이었습니다. 하지만 거절하지 않았습니다. '뭐라도 하지 않으면 모든 걸 포기할지도 모른다.'라는 생각이 들 때였으니까요.

"알겠습니다."

한 달을 열심히 준비했습니다. 행사는 성공리에 진행됐습니다. 금전적인 부분은 신기하게도 모두 채워졌고요. 의미 있는 일을 할 때 느껴지는 가슴 뜨거움이 오랜만에 온몸을 감쌌습니다. 새로운 기회가 찾아올 것 같은 느낌이 들었고, 일하는 동안 불면증에서도 조금씩 벗어날 수 있었습니다. 저의 노력에 보답하고 싶었는지 행사를 부탁한 선배는 통일 관련 민간단체에 저를 추천해 줬습니다. 솔직히 관련 분야를 접한 적이 없어서 망설였습니다. 하지만 당시 그 단체도 2개월 안에 큰 행사를 치르기 위해서 사람을 구하고 있었고, 저 역시도 일자리를 찾아야 했기에 곧 일을 시작했습니다. 그리고 2달 동안 열심히 준비해서 행사를 잘 치렀습니다. 행사 직후 다른 임원께 소개되는 자리가 있었는데 행사 분위기가 좋았던 덕에 정규직으로 전환됐습니다. 그렇다고 보수가 많았던 것은 아닙니다. 월급 160만 원이었으니 당시 시급 기준보다 조금 더 많이 받는 수준이었습니다. 그래도 열심히 일했습니다. 그렇게 맡은 일에 빠져 1년 정도 지났을 무렵 임원 중 한 분이 조심스레 이상형을 물어보셨습니다.

"조 국장은 어떤 여성을 좋아하지?"

"믿음 안에서 함께 살아갈 수 있는 여성, 사랑하고 존경할 수 있는 여성, 미인이기 보다는 호감형 외모를 가진 여성입니다."

"나이는?"

"연상은 만난 적이 없어서… 저보다 어리면 좋겠습니다."

"음. 나이야 숫자에 불과하지. 열정이 중요한 거니까."

"그렇긴 하죠."

저도 '운명적인 만남'이나 '첫눈에 반했어!'라는 말을 믿습니다. 그러나 운명적으로 만나도 결혼하지 못할 수 있고, 첫눈에 반한다고 해도 반드시 연인이 되는 게 아님을 잘 알고 있었습니다. 당시 상황을 고려할 때 결혼은 저와 너무 어울리지 않는 이야기였습니다.

첫 만남에서 결혼까지

"여보세요."
"조국장, 이번 주 금요일에 우리 모임에서 MT가 있는데, 같이 갈 수 있나?"
"네. 특별한 일이 없으니 함께 하겠습니다."
"그래. 그러면 금요일 6시에 같이 출발하자고."

계획된 일정은 아니었지만 특별한 약속이 있는 것도 아니어서 별로 고민하지 않았습니다. 약속 장소에 도착하니 저를 초대해주신 분이 먼저 와 계셨습니다.

"조국장, 오늘 가면 지난번에 말한 그 친구가 있을 거야."
"네."
"그런데 조 국장이 몇 살이지?"
"네. 제가 올해 서른넷입니다."
"음. 그러면 그 친구가 한 살 더 많네."

그러면서 저에게 한 여성의 이력을 죽 설명해주셨습니다. 들어보니 잘 될 거 같지 않았습니다. 뭐 하나 부족한 게 없는 사람이었습니다. 서른 넘은 시민운동가와 사법고시에 합격한, 그래서 미래 법조인이 될 사람이 어울린다고 생각하는 사람이 몇이나 있을까요? 후에 절친한 후배와 만나서 이런 정황을 설명했더니 대뜸 이렇게 말합니다.

"그런 사람이 형 같은 사람을 왜 만나겠어요?"

이런 말을 듣는 저 역시 불쾌감 없이 바로 "그렇지?"라고 할 정도였으니, 누가 봐도 어울리지 않는 조건의 만남이었습니다.

그날 밤, 모든 일정을 끝내고 잠시 인사를 나눴습니다. 파도 소리 가득한 밤 바닷가, 하늘에는 별들이 총총한, 낭만적인 연애를 시작하기에 '딱 좋은' 곳에서의 만남이었습니다.

"안녕하세요. OOO입니다."

"네. 저는 OOO입니다."

첫 대화의 끝이었습니다. 어색한 첫 만남 이후 주선자의 도움으로 한 번 더 만났습니다. 물론 긍정적인 결과를 기대하지는 않았습니다. 서로 너무나 다른 상황이었고, 다른 일을 했고, 다른 성격이었습니다. 하지만 그런 우리에게도 한 가지 공통점이 있었는데 '바라보는 곳'이 같았습니다. 그 공통점 때문이었을까요? 모두의 (특히, 제 자신의) 예상과는 달리 우리는 첫 만남 이후, 채 한 달이 되지 않아 사귀게 됐습니다. 그리고 사귄 지 열흘 만에 제가 청혼했습니다.

"우리 결혼하자!"

"그래!"

아내는 망설이지 않고 대답해줬습니다.

다음 해 1월, 사귄 지 6개월 만에, 처음 만난 날부터 따져도 7개월 정도밖에 안됐지만 결혼식을 올렸습니다. 짧은 기간에 많은 일을 겪었고 다툼도 있었습니다. 하지만 갈등은 서로 다른 두 사람이 한 가족이 되는 과정이라고 생각하며, 갈등 상황에서도 서로 적극적으로 대화했습니다. 어색한 만남, 인연이 아니라는 확신, 그리고 여러 번의 갈등 상황을 극복하니 '평생 사랑하고 존경할 수 있는 사람과 결혼하면 좋겠다.'라는 소망을 실현할 수 있었습니다.

"경험을 통해 보건대, 사랑은 서로 마주 보는 것이 아니라 둘이 함께 같은 방향을 바라볼 때 생겨난다."
-생텍쥐페리『바람과 모래와 별들』에서

결혼식도 행사처럼

우리의 결혼식은 하나의 이벤트였고 저는 그 이벤트의 연출자이자 진행자였습니다. 그 이벤트는 결혼식 전날부터 시작되었습니다. 지방에서 올라온 아내의 가족들을 위해 정동극장에 가서 난타 공연을 보고, 미리 예약한 핫한 식당에서 식사를 했습니다. 후식은 신혼집에 차와 케이크를 미리 준비해 두었고요. 그 모든 걸 준비하느라 정신없던 와중에 아내의 연수원 동기한테 전화가 왔습니다.

"형부, 저 OOO인데요."

"네. 안녕하세요? 그런데 어떤 일로?"

"네. 저희가 내일 축가 하는 건 아시죠?"

"네. 감사하게 생각하고 있습니다."

"별말씀을요. 그런데 축가 간주 중에 형부가 직접 쓴 편지를 읽어 주셨으면 해서요."

"네? 지금 오후 3시인데."

"네. 조금 늦었지만 가능하시겠죠?"

"네. 어쩔 수 없죠."

전화를 끊자마자, 가까운 팬시점을 찾아 들어가서 볼펜과 편지지를 샀습니다. 그리고 가장 가까운 카페에 들어가서 뜨거운 아메리카노를 시켜놓고 (아내의 식구들 마중 나가는 시간에 늦지 않으려고) 부지런히 편지를 썼습니다. (진짜) 연예인 같은 촘촘한 스케줄을 마치고 조카 5명을 포함해서 처가 식구 8명, 우리 부부까지 총 10명이 좁은 신혼집에서 밤을 맞이했습니다. 추운 겨울이어서 더 좋았습니다. 많은 가족의 온기를 가득 느낄 수 있었으니까요. 그렇게 결혼 전야 이벤트를 마치고 다음 날 아침 일찍 일어나 미용실에 갔습니다. 다들 한껏 꾸미고 결혼식장이 될 곳으로 출발했습니다.

일반 예식장은 예식장 직원들이 결혼식과 관련한 절차를 다 준비해주고 예행연습까지 할 수 있도록 배려해주지만 강당에서 진행하는 결혼식은 그런 도움이 전혀 없었습니다. 하나부터 열까지 모두 제 손을 거쳐야 했습니다. 축의금 받는 자리도 만들어 줘야 했고, 음악 CD를 연결할 수 있는 장치도 찾아줘야 했습니다. 하객들을 맞으면서 종종 신부한테 찾아가 진행 상황도 전달해야 했고요.

"이건 내가 신랑인지 예식장 직원인지 알 수가 없네."

12시가 다 돼가니 곧 예식을 시작해야 한다는 사회자의 안내 방송이 나왔습니다(당시 사회는 친구한테 부탁했습니다). 저도 모든 동작을 멈추고 입장을 위해 강당으로 들어가려 할 찰나, 저희 아버지와 장인어른께서 자리에 앉지 않으시고 하객을 맞이하고 계셨습니다.

"아버지 들어가셔야 해요."

"장인어른 들어가셔야 해요."

두 분 아버님께서 정확히 착석한 모습을 확인한 후 비로소 저도 제자리를 찾아가 설 수 있었습니다. 결혼식은 아주 잘 끝났습니다. 준비한 보람이 있었습니다. 편지도 잘 읽었고, 축가도 좋았습니다. 이벤트로 준비한 마술 퍼포먼스도 성공적이었습니다. 그런데 사진 촬영을 하려는데 안내 멘트를 해줘야 할 사회를 보던 친구가 사라졌습니다. 나중에 물어보니 식사하러 갔다고 합니다. 어쩔 수 없이 제가 마이크를 잡았습니다.

"지금부터 사진 촬영이 있겠습니다."

촬영 순서에 맞춰 안내한 후 마이크를 뒷주머니에 넣고 사진을 찍었습니다. 그리고 다시 마이크를 들고 다음 사진 촬영 순서를 안내했습니다. 우여곡절 끝에 사진 촬영이 끝났습니다. 이제 모든 식순이 끝나고 식사만 남았습니다. 이제 좀 한숨 돌리려는데 후배가 상기된 얼굴로 다가옵니다.

"큰일 날 뻔했어요!"

"뭐가?"

"조화에 불이 붙어서…"

"뭐, 불? 어떻게 했어?"

"저희들이 바로 보고 다 껐어요."

정말 스펙터클한 결혼식이었습니다.

1. 홀로, 그리고 둘이서

2. 기다렸던 책임감

아곤이의 등장

보통 부부들처럼 우리 부부도 자녀계획을 세웠습니다. '둘'이었습니다. 사실 저의 자녀계획은 오래전부터 '결혼하면 자녀계획은 아내의 뜻에 따른다.'였기 때문에 자녀계획을 세울 때 의견 충돌이 전혀 없었습니다.

우리 부부는 적은 나이가 아니었기에 아이가 빨리 생기길 바랐습니다. 그래서 주변 결혼 선배들한테 조언도 구하고, 열심히 노력했습니다. 그러던 중 신혼 초 몇 달을 함께 보내다가 아내가 지방으로 두 달 정도 연수를 떠나게 됐습니다. 그나마 처가가 있는 지역이라 다행이었지만 저나 아내가 1주일에 한 번 정도는 장거리를 이동해야만 함께 시간을 보낼 수 있었습니다. 흔히 말하는 주말 부부가 된 것이죠. 주말 부부가 로망이라는 사람들도 있지만 한참 신혼의 행복한 시간을 보내야할 때에 어쩔 수 없는 생이별은 답답하고 안타깝기만 했습니다. 아이를 간절히 바라고 있었기에 더 속상했고요. 하지만 아내와 주말 부부로 지내는 기간에 우리 '아곤(태명)'이가 찾아왔습니다.

당시 저는 시민 활동을 하면서 대학원 진학을 준비하고 있었습니다. 그래서 매일 학교에 나가고 있었는데, 그날은 학부 시절부터 잘 알고 지내던 지인과 함께 교정을 빠져나가는 중이었습니다. 그때 아내에게서 톡이 왔습니다.

"여보, 나 기간이 며칠 지났는데도 시작을 안 해요. 이

번 주에 내려올 때 테스트기 2개만 사다 줘요."

처음에는 무슨 내용인지 몰랐습니다. 결혼도 처음이고, 아이가 생긴 것도 처음이니 문자만 보고 쉽게 이해할 수 없었죠. 그래서 옆에 있는 - 이미 엄마였던 - 지인한테 휴대폰을 살짝 보여줬습니다.

"아내가 이런 문자를 보냈네."

"야, 축하한다. 아내가 임신했나 봐!"

이야기를 듣자마자 아내한테 전화했습니다.

"여보, 진짜야?"

"응."

"알았어. 테스트기 사서 갈게. 건강하게 잘 있어야 해!"

"응. 여보도 조심해서 내려와요."

주말에 우리는 '아곤'이가 생겼음을 확인하고 다음 주에 산부인과에 가기로 했습니다. 아내의 임신 소식을 가족들에게 알렸습니다. 여기저기서 축하 메시지가 도착하고 축하 전화가 걸려 왔습니다. 그런데 이상하게도 크게 기쁘거나 행복으로 충만하지 않았습니다. 저도 '아곤'이에 대한 저의 반응이 크지 않아서 놀랄 정도였습니다. 그렇다고 '아곤'이의 등장이 부담스러웠던 것은 아닙니다. '이제 아빠가 된다.'라는 현실을 느끼며 기쁨보다 책임감을 먼저 생각했습니다. 원하지 않은 상황에 대한 부담이 아니라 기다렸던 책임감이었습니다. 저는 결혼 이후 아니 그전부터 '우리 아이가 태어나면 어떻게 해야겠다.'라는 생각을 항상 마음에 품고 있었습니다. 그래서 '아곤'이가 생겼을 때 들뜨고 당황하거나 부담을 느끼기보다는 행복한 마음으로 차분히 기다릴 수 있었습니다. 나중에 아내 친구들과의 모임 중에 그때 얘기를 한 적이 있습니다.

"저는 아빠가 된다는 부담감은 별로 없었어요. 그냥 아빠로서 책임감을 느꼈을 뿐이죠."

당시 그 자리에 같이 계셨던 아내 친구의 어머니께서는

"준비된 아빠였네."

라고 말씀해 주셨습니다.

마음으로는 한껏 준비된 아빠였지만 현실과 생각의 차이는 엄청나다는 사실을 그때는 알지 못했습니다. 한 생명을 맞이할 준비는 긍정적인 책임감만으로 끝나는 게 아니었습니다. '그냥 아빠로서 책임감' 대신에 '좋은 아빠가 되기 위한 준비'를 했다면 시행착오를 훨씬 줄일 수 있었겠죠.

아빠의 육아 Talk
"출산 준비요? 아내가 이것저것 열심히 하고 있더라고요!"

아빠들은 아내가 임신을 하면 사방에서 축하인사는 다 받고 다니면서도 출산준비 잘 하고 있냐는 물음에는 이렇게 대답하곤 합니다. 저도 지금 생각해 보면 아이가 생겼을 때 실질적인 준비는 거의 하지 않았습니다. 만약 그 시절로 돌아간다면 태교, 출산 등과 관련한 다양한 준비를 좀 더 적극적으로 하고 싶습니다. 아이는 아내 혼자 낳는 게 아니라 둘이 낳는 것이니까요.

개인적으로 호기심이 많고 배움에 대한 열정이 넘칩니다. 그래서 독서도 좋아하고 모험도 즐기는 편입니다. 그런데 이상하게도 육아와 관련해서는 첫째가 태어나고 한참이 지나서도 어떤 자료도 읽지 않았습니다. 그래서 아이가 태어난 순간부터 '당황'의 연속이었습니다. 수유 텀이 그렇게 짧은지도 몰랐고, 100일이 지날 때까지 긴 수면 시간이 없다는 것도 몰랐습니다. 사소한 것부터 아는 게 없었으니 실수할 기회조차 만들지 못했죠. 모든 육아는 집안의 여성 - 아내와 어머니 -의 몫이었습니다. 적극적으로 도와주기는커녕 눈치만 보는 상황이었습니다.

어느 정도 시간이 흐르니 분유 정도는 탈 수 있었고 목욕할 때 보조 역할 정도는 할 수 있었습니다. 지금 생각해도 '기다렸던 책임감'이라는 표현이 너무 부끄러운, 형편없는 아빠였습니다.

아빠들도 임신과 출산에 관련해서 공부해야 합니다. 아이가 엄마 배 속에 있다고 공부도 엄마에게만 미루고 있지는 않나요?

분명 물리적으로는 떨어져 있어도 아이의 존재는 부부 공동 노력의 결실입니다. 그러니 임신 기간 중 아빠가 할 수 있는 역할을 잘 챙겨서 해야 합니다. 그러기 위해서 출산, 육아와 관련한 공부는 필수입니다.

아무것도 모르는 남편, '좋은 아빠'는 될 수 있을까?

태명이 '아곤'이 된 이유는 아내의 꿈이었습니다. 어느 날 아내가 잠에서 깨자마자 지난밤 꿈 이야기를 했습니다.

"내가 어젯밤 꿈에서 다이아몬드를 봤어."

"그래? 태몽인가?"

당시에는 꿈만 꾸면 무조건 태몽이라고 생각했습니다. 그러다 보니 좋은 꿈을 꾸면 기분이 좋았습니다. '꿈처럼 귀하고 소중한 아이가 아내의 배 속에 지금 있는 건가?'라고 생각하니 절로 미소가 지어졌습니다. 이런 마음을 갖는 건 비단 우리 부부만은 아니라고 생각합니다. 2세를 바라는 모든 부부의 공통된 마음이겠죠. 세상의 모든 아이는 소중하고 귀합니다. 하지만 아무것도 모르는 신혼부부에게, 그중에서도 엄마보다 훨씬 더 모르는 아빠에게 있어서 첫 아이가 생겨나는 과정은 신기함, 그 자체였습니다.

"다이아몬드는 값진 보석이니까 아이가 정말 아름답게 성장할 거야."

"응. 그렇겠지. 다이아몬드처럼 고귀하게 클 거야!"

보석이니 당연히 여아를 생각했습니다. 그리고 나서 며칠 후 아내가 또 다른 꿈을 전했습니다.

"여보, 어제는 글쎄 내가 날아가는 작은 청룡을 잡았지 뭐야."

"용? 용은 당연히 태몽인데, 세종대왕 태몽이 큰 황룡이었다고 읽은 거 같은데."

"그래? 지난번에는 다이아몬드고 이번에는 청룡이네."

"아들인가? 용은 대체로 아들인 것 같은데, 태몽 중에서는 용 꿈이 최고라고 하던데, 다음이 호랑이고, 그 다음이 돼지고."

"그러면 우리 아기 생기면 '아곤'이라고 지을까?"

"아곤?"

"응. 다이아몬드의 '아'랑 용을 영어로 바꾸면 드래곤이니까 거기서 '곤'을 따서 '아곤'이. 어때?"

"좋다. 실제로 아들이 태어나면 그대로 이름으로 해도 좋을 거 같아. 얼른 '아곤'이가 여보 배 속에 생겼으면 좋겠다."

이런 일이 있었기에 우리 부부는 '아곤'이가 엄마 배 속에 생기자마자 바로 '아곤'이라고 불렀습니다.

아이가 생기면 엄마는 입덧을 합니다. 당연히 아내도 입덧을 시작했습니다. 다행히 심하지 않았고, 기간도 길지 않았습니다. 그러나 아내는 그 짧은 기간도 제대로 누려보지 못했습니다. 문제는 남편에게 있었죠.

"여보 나 시원한 사이다가 마시고 싶어."

"음. 그래? 그런데 사이다는 아곤이한테 안 좋을 거 같은데. 다른 거 마시면 안 될까?"

"알았어요."

둘째는 아빠가 다 키웠어요

"여보, 나 저 과자 먹고 싶은데."

"음. 과일이나, 좋은 음식을 먹으면 안 될까?"

"알았어요."

이런 입덧 기간을 보내다가 진료 날이 돼서 함께 병원에 갔습니다. 저는 검사 전에 당당하게 담당 선생님께 이야기했습니다.

"저는 아내가 사이다나 과자 같은 게 먹고 싶다고 하면 아이를 생각해서 더 좋은 음식을 먹으라고 권했습니다."

당연히 흐뭇한 미소를 지으며 "잘하셨습니다."라는 답을 기다렸습니다. 초보 아빠지만 '잘하고 있어!'라는 자화자찬으로 머릿속이 가득한 상태였습니다. 그러나 의사 선생님의 말씀은 그게 아니었습니다.

"네? 그러시면 안 됩니다. 지금 기간에는 아내가 먹고 싶다고 한 음식은 뭐든지 먹게 해줘야 합니다. 그러지 않아도 힘들고 입맛도 없을 텐데 못 먹게 하시면 어떡합니까?"

"네. 죄송합니다. 제가 잘 몰랐습니다."

저는 순간 당황해서 얼굴을 붉혔고, 옆에 있던 아내는 그제야 자기편을 만났다는 듯이 거들었습니다.

"남편이 먹지 말라는 게 많아서 힘들었어요."

그때 선생님의 표정이 아직도 눈앞에 선합니다. 저에게 '무식하면 참 용감해!'라고 눈으로 말씀하고 계셨습니다.

드라마나 영화를 보면 임신한 아내를 위해서 한밤중일지라도 자다가 일어나서 음식을 사러 나가는 남편이 등장합니다. 이 기간이 그런 시절이었다는 것을 무지한 남편은 잘 몰랐습니다. 모든 게 다 처음이었으니까요. 사실 좋은 음식을 먹겠다고 하면 뭐든 구해다 줄 생각이었지만, 사이다 같은 음식은 그 리스트에서 제외되는 줄 알았습니다. - 그래도 8살이 된 우리 '아곤'이가 아직도 탄산음료를 별로 좋아하지 않는 것을 보며 '그때 사다 주지 않기를 참 잘했지?'라고 혼자 생각합니다.

임신 기간에 아내한테 잘하는 건 '좋은 남편', '좋은 아빠' 역할을 동시에 하는 길입니다. 그런데 생각보다 쉽지 않습니다. 왜냐하면 초보 아빠는 잘 모르기 때문이죠. 물론 아내도 초보 엄마니, 남편이 막아서면 무리해서 주장하지 않았습니다. 그 전에 아무리 잘했다 하더라도 이 기간에 잘못해서 아내의 마음에 섭섭함을 쌓아두게 하면 후에 원망 거리가 될 수도 있습니다. 이런 실수를 미리 막는 방법은 '아빠가 되는 공부' 뿐입니다. 그러나 이런 공부를 잘 챙겨서 하는 남편이 얼마나 있을까요? 하지 않는 이유는 참 많습니다. 바쁘고, 피곤하고, 잘 모르고, 아내가 남편보다 더 잘 알고…

대체로 일반적인 남편이나 아빠는 모르는 상황을 그냥 그대로 받아들입니다. 특별한 노력을 하지 않죠. 물론 특별히 노력하지 않아도 평소보다 훨씬 많이 신경 쓰게 됩니다. 그렇지 않다면 아빠라고 할 수 없겠죠. 그러나 '좋은 아빠'라면 모르는 부분을, 특히 임신 중 아내와 아이의 상태와 관련한 공부를 열심히 할 것입니다. 사실 이 기간에 아내, 그리고 아이와 관련한 일보다 더 소중한 일이 있을까요? 후에 안아가 태어나고 나서 몇 개월 지났을 때 아내가 했던 말이 자꾸 생각이 납니다.

"나는 여보가 안아 가졌을 때 계속 이야기도 해주고,
책도 많이 읽어 주고, 태교도 열심히 해줄 줄 알았는
데 생각보다 그렇지 않았어."

저는 그냥 멋쩍게 웃어넘길 수밖에 없었습니다. 아내가 이후로 비슷한 말을 하지 않은 걸 보면 지나가는 말로 한 듯합니다. 하지만 저는 그 말이 가끔 생각납니다. 그러면 그때마다 아내와 안아한테 더 잘해주지 못한 미안함으로 가슴이 아파옵니다.

아빠의 육아 Talk
"아기가 태어나면 내 시간이 없다는데, 지금이 마지막 기회 아닙니까?"

아이가 생겼을 때는 축하해주던 사람들이 출산이 임박해지면 '아기가 태어나면 이제 애 때문에 아무것도 못 한다.'라고 하면서 갑자기 태도를 전환합니다. 겁을 주기 시작하죠. 그러면 많은 아빠가 그런 공감인지 충고인지 알 수 없는 말에 잘 따릅니다. 그래서 출산 전에 만삭인 아내 곁을 떠나 친구들도 만나고 취미생활도 알차게 즐기죠.

하지만 아이는 엄마 배 속에 있더라도 이미 아빠를 인식합니다. 그래서 '좋은 아빠'가 되기 위해 애써야 합니다. 임신 중에 '좋은 아빠'가 되는 길은 아내한테 잘하는 것이고요. 엄마가 편해야 아이도 편하게 지낼 수 있을 테니까요. 너무나 당연한 말이지만 현실은 다른 듯합니다. 이상하게도 이 기간에 많은 여성이 남편에게 섭섭함을 느낍니다. 세상에서 가장 소중한 아내와 아이가 한 몸으로 존재합니다. 그리고 그 소중함을 머리와 마음으로는 충분히 이해하고 깨닫습니다. 그러나 방법을 잘 모릅니다. 남편이 아는 정보는 드라마나 영화 속에 등장한 장면, 혹은 주변에서 들려준 이야기가 거의 전부니까요. 어떤 기간에는 뭘 먹어야 하고, 어떤 기간에는 뭘 주의해야 하고 등 세부적으로 아는 남편은 많지 않습니다.

저는 산부인과 정기 진료에는 단 한 번도 빠지지 않고 아내와 함께 갔습니다. 그래서 궁금한 점을 묻기도 하고, 아내가 주의

해야 할 사항에 대해서 듣고 최대한 도와주려고 했습니다. 그런데도 태교 이야기만 나오면 민망해집니다. 한참 대학원 공부를 하고 있었던 상황이어서 아내, 그리고 아곤이와 함께 한 시간이 적었기 때문입니다. 이 기간 즉, 아이가 배 속에 있는 지금이 아내와 아이에게 한 방에 잘할 수 있는 유일한 기회입니다.

생딸기와 콩가루 묻은 떡

그날 이후로 아내는 먹고 싶은 음식을 편하게 먹을 수 있는 특권이 생겼습니다. 저 또한 사이다를 못 먹게 한 죄로 아내가 원하는 음식은 무엇이든 구해 주려고 굳게 다짐했고요. 그런 특권이 생겼음에도 (저에게는 다행스럽게도) 아내는 구하기 어려운 음식을 바라지 않았습니다. 한밤중에 설렁탕이 먹고 싶다든지, 평소에 잘 먹지 않는 순대, 족발 등을 찾으면서 저를 놀라게 하는 일도 없었습니다. 착한 아내는 오직 딱 두 번 먹고 싶은 음식을 구해 달라고 했는데 하나는 딸기였고, 다른 하나는 콩가루가 묻은 떡이었습니다. 요즘은 뭐든지 살 수 있는 세상이라고 생각했기에 '어렵지 않게 다 구해 줄 수 있다'라고 생각했습니다. 대형마트나 백화점에 가서 물건을 찾고 값을 치르면 된다고 생각했죠.

"여보, 생딸기가 먹고 싶어요."

"응. 오늘 중으로 사다 놓을게요. 걱정 마요."

그렇게 호언장담하고 아내가 들어오기 전에 맛 좋은 딸기를

사다 놓기 위해서 대형마트로 출발했습니다. 당시 우리 부부가 살던 지역은 일산이어서 백화점과 대형마트를 쉽게 찾을 수 있었습니다. 그래서 가장 큰 마트를 목적지로 정하고 출발했습니다. 도착해서는 바로 과일코너로 달려가서 딸기를 찾았습니다. 그러나 아무리 돌아봐도 딸기는 보이지 않았습니다. 냉동 딸기는 냉장고에 수북했지만 아내가 원한 것은 생딸기였습니다. '이거 낭패네. 혹시 모르니까 물어보자.' 과일코너 주변에 있는 분께 문의했습니다.

"혹시, 생딸기는 없을까요? 아내가 먹고 싶다고 해서요."

"에고, 아내가 아기를 가졌나 봐요? 그런데 어쩌나 요즘 생딸기가 나오지 않아서."

아내가 임신했다는 말도 하지 않았는데 담당 코너에 계신 분은 쉽게 알아차리셨습니다. 정말 제 마음만큼이나 안타까운 표정을 지으시며 없다고 말씀하셨습니다. 다음에는 백화점으로 갔습니다. 그런데 답은 똑같습니다. 그리고 마트와 마찬가지로 백화점 점원분도 아내의 임신을 아셨습니다. 다들 경험에서 나온 추측이 겠죠. 상황을 설명하면 아내는 섭섭해하지 않았을 것입니다. 구하기 어려운 계절이라는 걸 더 잘 알고 있었을지도 모르고요. 그래서 더 구해 주고 싶었습니다. 생딸기를 맛있게 먹는 아내의 모습을 상상했습니다. 그 모습을 상상하는 것만으로도 정말 행복했습니다. 저는 꼭 생딸기를 아내한테 사다주고 싶었습니다. '아곤'이한테도 딸기 맛을 보여주고 싶었고요. 생과일주스 간판이 보이는 카페만 보이면 들어가서 물어봤습니다.

"혹시, 여기 딸기주스는 생딸기로 만드시나요?"

하지만 모두 똑같이 대답해 줍니다.

"아니요. 냉동 딸기예요."

결국, 딸기는 구할 수 없었습니다. 7월에 딸기를 구하는 게 어렵다는 사실을 그때 처음 알았습니다. 한여름 딸기는 쉽게 구할 수 있는 과일이 아니었습니다. 이제 남은 건 아내한테 "구하지 못했어."라는 말을 하는 것이었습니다. 그 말을 하는 게 정말 싫었습니다. 남편이 구해 온 딸기를 행복하게 먹는 아내를 상상했는데, 이제 실망한 아내의 목소리를 들어야 할 참이었으니까요.

"여보, 미안해요. 생딸기를 파는 곳이 없네."

"아니에요. 괜찮아요. 괜히 딸기 먹고 싶다고 해서 여보가 고생했겠네."

결국, 딸기를 구하지 못했습니다. 그래서일까요? '아곤'이가 가장 좋아하는 과일이 딸기입니다. 딸기 한 팩을 씻어 놓으면 정말 순식간에 그 작은 배로 다 들어갑니다.

두 번째 미션은 '콩가루 묻은 떡'이었습니다. 제철 아닌 딸기 구하기는 실패했더라도 떡을 먹고 싶다는 아내의 바람을 들어주는 건 정말 쉽다고 생각했습니다. 아내가 원한 떡은 저도 처가에서 먹어 본 떡이었고, 모든 게 다 있는 서울 시내에서 아내가 원하는 떡 하나 사는 건 어렵지 않다고 생각했습니다. 그러나 이번에도 착각이었습니다. 비슷한 떡은 얼마든지 있고, 더 좋은 떡이 있을지는

몰라도 아내가 먹고 싶어 한 떡은 찾을 수 없었습니다.

"혹시, 여기 콩가루 묻은 떡 있나요?"

"네. 여기 있습니다."

하지만 아내가 원한 것이 아니었습니다. 그래도 빈손으로 갈 수는 없어서 가장 비슷해 보이는 떡을 백화점에서 샀습니다. 그러고 나서 차에 올랐습니다. 떡을 구매한 시간은 고작 15분 정도였지만 백화점 주차장은 1만 원 이상 구매하지 않으면 주차비를 내야 했습니다.

"네. 구매 금액이 만 원이 안 되시네요."

"그렇죠? 아내가 임신 중인데 떡이 먹고 싶다고 해서
사러 왔는데. 많이 살 수 없어서요."

"에고, 그렇구나. 그냥 가세요. 떡 잘 전해 주시고요."

"네? 감사합니다!"

임신 경험이 있는 여성분들은 다 같은 마음인가 봅니다. 남자들은 이해하기 어려운 동질감을 느끼는 거 같았습니다. 어쩌면 남자들의 전우애와 비슷한 감정인지도 모릅니다. 주차비는 내지 않았지만 아내가 원하는 떡이 아니어서 마음이 좋지 않았습니다.

"여보, 여기 떡."

"응. 고마워요."

떡을 포장한 비닐을 벗기고 아내가 떡을 한 입 베어 뭅니다.

"여보, 고생했는데 그 떡이랑은 좀 다르네?"

"응. 나도 구할 수 있을 거 같았는데, 지역이 다르니

떡도 같은 게 없나 봐. 미안해요."

임신한 아내가 원하는 떡을 구해다 주지 못한 자책감에 목소리도 작아졌습니다.

"괜찮아. 다음에 우리 집에 가기 전에 엄마한테 말해 놓을게."

"응. 그래요. 정말 다 구해 주고 싶어도 마음대로 안 되네."

아내가 입덧 기간에 원했던 오직 두 가지 음식. 저는 그 두 가지중 하나도 구해 주지 못했습니다. 아내는 지금까지 그 시절에 관련한 서운함을 단 한 번도 말하지 않았지만 저는 항상 아내와 '아곤'이한테 미안한 마음을 간직하고 있습니다. 그래서 일까요? 가끔 아내가 퇴근 전에 톡으로 "여보, 햄 좀 구워 줄 수 있어?"라고 사소한 부탁을 할 때가 있습니다. 결혼 10년이 지난 지금도 대답은 신혼 때처럼 항상 "ㅇㅋ요"입니다. 몸을 조금만 부지런히 움직이면 사랑하는 사람이 원하는 걸 해줄 수 있습니다. 그리고 그런 작은 일에 기뻐하는 사람이 있어서 정말 행복합니다.

아빠의 육아 Talk
"나 그런 거 낯 간지러워서 잘 못하잖아! 알면서~"

모든 남편이 임신 전에는 아이가 생기고 시간이 흘러 아내의 배가 나오기 시작하면 배를 쓰다듬어 주고, 책도 읽어주고, 말도 계속 걸어주고, 노래도 불러 줄 거로 생각합니다. 당연히 그럴 것 같지만 못 해주는 아빠도 참 많습니다. 바빠서 못하기도 하고 습관이 되지 않아서 못하기도 합니다. 익숙하지 않으면 원래 뭐든 힘든 법이니까요. 일단 매일 시간을 정해두고 시작해야 합니다. 익숙해질 때까지는 꾹 참고 해야 합니다.

태아도 아빠의 음성을 구별한다는 연구 결과가 있습니다. 알게 모르게 우리 아이들은 엄마 배 속에서부터 아빠를 경험한다는 것이죠. 저는 안아가 태어나기 전에 많은 시간을 같이하지 못했습니다. 주말부부로 지내면서 3살이 다 지나갈 때까지 스킨십도 자주 할 수 없었고요. 뒤늦게 분발해보았지만 엄마와의 애착 정도를 뛰어넘는 건 '넘사벽'이었습니다. 하지만 둘째는 그 반대였습니다. 엄마보다 더 많이 안아주고, 더 많은 시간을 같이 보냈습니다. 의식주와 관련해서도 더 자주 관여했고요. 그 결과 주아는 아빠와 더 깊은 애착 관계가 형성됐습니다.

엄마의 배 속에 있을 때부터 시작입니다. 아빠의 노력 여하에 따라 아이가 아빠에게 느끼는 친밀감은 분명히 다릅니다.

1년의 신혼 그리고 본가(시댁)살이

단둘만의 신혼 생활을 거의 1년쯤 했습니다. 남들처럼 아파트나 빌라를 전세로 얻지 않고 복층 오피스텔에 신혼집을 꾸렸습니다. 오피스텔에는 기본적인 가전제품이 갖춰져서 특별히 혼수를 준비하지 않았습니다. 결혼 선물로 받은 매트리스가 가장 값비싼 가구였습니다(그 매트리스는 지금도 사용하고 있습니다). 아무것도 없이 시작해서 서서히 채워 가자는 게 우리 부부의 공통 의견이었습니다. 그리고 주변에 생활 편의 시설들이 잘 갖춰져서 생활하는 데 전혀 불편함이 없었고요.

우리 부부는 결혼 전부터 가사 분담의 원칙을 정했는데. 저는 결혼 전에 생각한 원칙이 있었고, 아내도 큰 수정을 원하지 않았습니다.

1. 요리는 남편이 한다.
2. 설거지는 남편이 한다.
3. 청소는 대체로 남편이 한다.
4. 빨래(세탁기)는 아내가 한다.
5. 빨래를 널거나 정리하는 건 함께 한다.
6. 아이가 태어나면 남편이 적극적으로 돌본다.

보시면 알겠지만 아내가 반대할 만한 내용이 별로 없습니다. 당시 제가 자신 없었던 빨래 정도만 아내가 하고 나머지는 저의 역할로 돌렸습니다. 현재 결혼 10년째인데 여전히 원칙을 잘 지키고

있습니다. 가끔 아내가 물어봅니다.

"설거지하고, 요리하고, 애들 돌보는 거 귀찮지 않아?"
"귀찮지. 그런데 내가 약속한 거잖아. 그래서 한 번도 여보한테 불만이나 불평한 적 없었지. 내가 한다고 했으니까."

다만 최근에는 이런저런 사정으로 빨래 분야도 제 몫이 됐습니다. 이 정도 되면 '아내가 하는 일이 별로 없네?' 라고 반문할 수도 있습니다. 하지만 위에 적힌 일을 제외하고도 많은 일이 남아 있습니다. 특히, 아이가 태어나면 생각하지 못했던 일들이 계속 발생합니다. 그때는 아내가 바빠집니다. 갑자기 아이가 아플 때, 아내는 당황스러운 상황임에도 불구하고 차분하게 상황을 파악하고 조치합니다. 아이가 커나가는 그때 그때 아빠가 알지 못하는 부분을 일일이 체크해서 필요한 물품을 구매하고, 적절하게 사용하는 일들을 도맡아 했습니다.

어쨌거나 오피스텔에서 신혼 1년을 예쁘게 살았습니다. 가끔 싸우기도 했지만 '아곤'이가 생긴 다음부터는 거의 다투지 않았습니다. 그리고 신혼집 계약 만료일과 출산 예정일이 동시에 다가오면서 저의 본가 - 아내한테는 시댁 - 에 들어가기로 했습니다.

임신한 아내의 편리를 위해서 처가에 갈 수도 있었습니다. 하지만 굳이 저의 본가로 들어가려 했던 이유는 물리적 거리 때문이었습니다. 우리 부부의 사정을 고려했을 때 대구에 있는 처가로 가는 것은 어려운 일이었습니다. 본가(시댁)로 들어가는 것이 가장 현실적인 선택이었고 저의 어머니는 물론 아내도 흔쾌히 찬성해서 어려움 없이 이사를 결정할 수 있었죠. 사실, 아내가 먼저 제안한 일이었습니다.

　그해 겨울은 꽤 추웠습니다. 부모님 댁이 파주여서 신혼을 보냈던 일산보다 더 추웠습니다. 거기에 구옥이라 더 했습니다. 집 앞에는 휑한 마당이 펼쳐져 있고, 그 앞은 시내가 흐르는 둑길이 나 있었습니다. 여름에는 강태공들이 옹기종기 모여서 물고기를 기다리는 곳이었죠. 하지만 겨울이 되면 잘 흘러가던 물이 멈춰서고 아이들의 썰매가 달려도 될 정도로 꽝꽝 얼어붙었습니다. 특히, 그해에는 유난히도 추웠습니다. 한번은 폭설이 내렸습니다. 눈이 많이 쌓이면 차도 사람도 움직일 수 없고 집안에 고립됩니다. 그래서 새벽 4시부터 눈을 치우기 시작했습니다. 치우는 속도 보다 쌓이는 속도가 빨라 한참동안 사투를 벌이다 들어오니 기진맥진해져서 결국 외출도 하지 못했습니다.

　이렇게 외진 곳에 있는 데다가 아이를 가진 아내가 따뜻하게 샤워할 수 있는 시설도 제대로 갖춰지지 않았습니다. 봄, 여름, 가을에는 그나마 괜찮았지만 겨울을 나는 게 만만치 않았죠. 집 구조는 우리가 머무는 독채와 부모님이 계신 본채로 나뉘어 있었습니다. 그런데 독채에는 화장실이 없었죠. 본채까지 거리는 10미터 정도 떨어져 있었고요. 그러니 화장실에 다녀오는 게 꽤 번거로운 일이었습니다. 특히, 추운 겨울밤은 더더욱… 아내는 임신 중이었기에 새벽에 한두 번은 화장실에 다녀와야 했습니다. 초기에는 같

이 다녀왔지만 나중에는 아내 혼자 다녀오게 했습니다. 이유는 '피곤해서'였습니다. 당연히 함께 다녔어야 했는데 그렇게 하지 못했습니다. 지금도 그 시절을 생각하면 아내한테 정말 미안하고 부끄럽습니다. - 이 글을 온라인에 연재하는 동안 한 분이 "남편들아, 새벽에 애가 깼을 때 제발 자는 척 좀 하지 마라!"라는 댓글을 달아주셨습니다. 댓글을 볼 때는 웃고 넘겼는데, 후에 생각해 보니 저에 대한 일침이었습니다. 지금 생각해 보면 아내의 결심은 굉장한 것이었습니다. 이 모든 상황을 다 알면서 용단을 내린 것이죠. 그 심정을 10년이 다 지나가는 지금에서야 깨닫습니다. 미안한 일이 한 두 개가 아니었음을 이 글을 쓰면서 다시 한 번 고백합니다.

어려운 환경이었지만 우리 부모님과 아내, 그리고 '아곤'이는 모두 즐겁게 지냈습니다. 당시 저는 대학원에 진학했기에 매일 학교에 나갔습니다. 그러면 아내는 어머니와 함께 이런저런 이야기도 하고, 어머니께서 해주신 음식을 먹으면서 임신 끝 무렵을 잘 보냈습니다. 아내가 좋아하는 칼국수를 만들어 주시려고 아버지와 어머니께서 자주 밀가루 반죽을 하시던 모습이 기억납니다.

아내는 즐겁게 '아곤'이와 놀면서 '아곤'이의 등장을 기다렸고 저 또한 일찍 집에 들어와서 아내와 '아곤'이랑 행복한 시간을 보냈습니다. 엄청 추운 겨울이었지만 둘에서 셋이 되니 따뜻했습니다. '소확행'으로 가득한 나날이었고요. 원래 체력이 좋지 않고, 연애 시절에 감기를 달고 살던 아내도 '아곤'이와 함께하고 나서는 체력도 좋아지고, 감기에도 걸리지 않았습니다. 지금도 아내는 이렇게 말합니다.

"안아가 내 배 속에 있었을 때가 내 인생에서 가장 건강했던 시절이었어."

그러고 보니 '아곤'이는 태어나기 전부터 효녀였네요.

둘째는 아빠가 다 키웠어요

아빠의 육아 Talk
"저는 이제 아내의 눈빛만 봐도 다 알아요."

종종 '이심전심(以心傳心)'을 말하면서 서로 눈빛만 봐도 다 알 것처럼 생각하는 부부(특히 남편)가 있는데 현실은 그렇지 않습니다. 말 안 하면 어떻게 압니까? 대화를 많이 해야 합니다. 결혼 생활을 오래 하지는 않았지만 부부간의 대화만큼 소중한 게 없습니다. 오해를 푸는 방법도 대화이고, 부부의 신뢰를 쌓아가는 방법 중 최고도 대화입니다. 특히, 아이와 관련한 사항은 항상 대화하면서 서로 알고 있어야 합니다.

대부분 부모 중 한 명이 전담 육아를 하다 보면, 육아 전담인 부모가 공석일 때 대타로 투입되는 다른 부모(대체로 엄마가 없을 때 아빠)가 곤욕을 치러야 할 때가 있습니다. 하지만 평소에 자녀와 관련한 대화를 자주 한다면, 조금 더 지혜롭게 상황을 헤쳐 나갈 수 있지 않을까요?

우리 부부는 아이들과 관련한 대부분의 일을 같이 공유하려고 노력합니다. 학원에 보내는 것부터 학습지를 하는 것, 그리고 어린이집에 보내고, 특기를 발견하기 위한 노력에 이르기까지 공유하려고 합니다. 예를 들어 주아는 같은 시기 언니와 달리 언어에 흥미를 보이지 않고 있습니다. 이런 사실을 주 양육자인 제가 파악해서 아내와 공유하고 안아와 다른 방향으로 교육을 준비하고 있습니다. 이런 대화는 임신을 알게 된 그 순간부터 시작해야 합니다

아곤이를 처음 만난 날

2013년 3월 17일 새벽이었습니다. '아곤'이가 세상에 나올 준비를 하느라 아내의 진통이 시작됐습니다. '아곤'이는 태아 때부터 엄마를 크게 힘들게 하지 않은 효녀였기에 세상에 나오는 날도 쉬울 거로 생각했습니다.

장모님과 처형들이 막내인 아내의 첫 출산을 축하하고 격려하기 위해 새벽부터 준비해서 올라오셨습니다. 그래서 오전부터 함께하면서 아내를 잘 보살펴 주셨습니다. 마침 일요일이어서 예배 후에 목사님께 기도를 부탁드렸는데 기도 중에 아내가 꽤 심한 진통을 느끼면서 주저앉았습니다. 조금 진통이 멎고 나서 처가 식구들과 식사도 하고, 좋은 분위기의 카페에서 역사적인 날을 기념했습니다. 아내는 종종 걷지도 못할 만큼 심한 진통을 느꼈지만 대체로 즐겁게 '아곤'이와의 마지막 날을 잘 보냈습니다. 그러다가 저녁 7시쯤 '아곤'이를 만나기 위해 병원에 갔습니다. 새벽부터 진통이 있었으니 거의 19시간 만에 병원에 간 셈입니다. 그때까지 몰랐습니다. 아내의 진통 시간이 다른 사람들보다 절대적으로 길었다는 것을.

아내는 몸을 거의 가누지 못할 정도가 돼서야 침대에 누웠습니다. 그리고 곧 산통이 시작됐습니다. 처음에는 무통 주사를 맞지 않겠다고 했는데, 통증을 견디기 힘들었는지 무통 주사를 요청했습니다. 가끔 주사를 맞아도 약효가 듣지 않는 산모가 있다고 들

었는데 안타깝게도 아내가 그런 산모였습니다. 산통은 심해지는데 약효가 전혀 없었습니다.

8시가 넘어서 출산을 시도했는데 쉽지 않았습니다. 아무리 힘을 주고, 소리를 질러도 '아곤'이는 좀처럼 엄마 배 속을 떠나려 하지 않았습니다. 아내는 고통을 견디기 위해서 제 손을 잡았습니다. 정확하게는 손톱으로 제 손을 뜯었습니다. 곧 살갗이 벗겨지고 붉은 피가 보였습니다. 그런데 아내의 산통과 비교하면 아무것도 아니라는 생각이 더 컸는지 아픔도 느껴지지 않았습니다. 그냥 아내의 고통만큼 눈물을 흘리면서 옆에 있었습니다. 그렇게 몇 시간이 흘렀습니다.

밤 11시가 넘어갈 즈음이었습니다. 그래도 아이가 나오지 않자 담당 선생님이 저를 조용히 불렀습니다.

"이렇게 한 20분 정도 더 기다려 볼 수도 있고, 아니면 제왕절개를 할 수도 있습니다. 그런데 아시다시피 제왕절개는 수술이라 보호자 동의가 필요합니다. 어떻게 하시겠어요?"

"네. 당장 해주세요."

저는 찰나도 고민하지 않고 동의서에 서명했습니다. 너무 고통스러워하는 아내를 더 지켜볼 수 없었습니다. 아내는 수술실로 옮겨졌고 이제 잠시 아내와 떨어지게 됐습니다. 아내의 옆에서 지켜보고 있을 수가 없으니 더 큰 불안함이 몰려왔습니다. '수술은 잘되고 있겠지? 내가 당장 수술하자고 했는데 무슨 일이 생기는

건 아니겠지?'

그렇게 안절부절못하고 있는데 간호사가 한 아이를 초록색 천에 싸서 능숙하게 안고 나옵니다. 아이를 본 순간 시간이 정지된 듯했습니다. '네가 내 딸이구나.' 눈도 못 뜨고 입만 벌리고 있는 아이, 제 눈으로 보면서도 믿기지 않았습니다. 그냥 꿈같았습니다. 그러다가 갑자기 새로운 걱정이 생겼습니다. '그런데 아기가 왜 안 울지?' 아기 울음소리가 들리지 않았던 것입니다. 아기가 태어날 때 울지 않으면 말을 못 한다는 말이 생각났습니다. 갑자기 또 걱정이 몰려왔습니다. 그때였습니다.

"아가 아주 크게 울대!"

옆에 계시던 장모님께서 아이 사진을 찍으시며 말씀하셨습니다.

"네? 크게 울었다고요?"

아이의 큰 포효도 '네가 내 딸이구나.'라는 감격으로 만들어진 정적의 울타리를 뛰어넘지 못한 것이었습니다. 아이의 첫 울음소리를 아빠는 듣지 못했습니다. 지금도 참 아쉽습니다. 이런 아빠의 걱정을 알았던 걸까요? '아곤'이는 성장하면서 말을 많이 하는 아이로 잘 성장하고 있습니다.

'아곤'이는 2013년 3월 18일 0시 19분에 태어났습니다.

아내는 '아곤'이에게 젖을 물려주고는 제가 있는 곳으로 왔습니다. 그리고 마취도 덜 풀린 상태에서 한마디 했습니다.

"여보, 미안해! 자연분만하지 못해서!"

"아니야, 그렇게 생각하지 마!"

그러면서 우리 부부는 꽤 오랫동안 그야말로 펑펑 울었습니다. 솔직히 자연분만이든 제왕절개든 출산이라는 점에서 어떤 차이가 있을까요? 그리고 오랜 진통 끝에 제왕절개까지 했으니 아이보다도 아내의 건강이 더 걱정됐습니다.

2. 기다렸던 책임감

아빠의 육아 Talk
"내가 대신 낳아 줄 수는 없으니까…"

아내를 정말 사랑하는 남편은 진통도 대신한다는 이야기를 종종 듣습니다. 하지만 진짜 진통은 아내만 겪을 수 있는 값진 경험이겠죠. 그래도 이런 경험을 남편들이 조금이나마 나눌 수 있는 방법은 정녕 없는 것일까요? 출산 시 곁에 서서 저처럼 손을 대주고, 머리채를 대주는 방법도 있습니다. 하지만 조금 더 적극적으로 준비할 수 있지 않을까요? 미리 출산 과정을 공부하고, 이후 과정에 대해서도 알아본다면 힘겨워하는 아내와 세상에 갓 태어난 자녀에게 조금이나마 보탬이 되리라 생각합니다. 그러니 아빠도 순산을 위한 역할을 적극적으로 찾아봐야 합니다.

아내는 제왕절개를 해서 수술 자국이 남았습니다. 몸은 조금씩 회복됐지만 수술 자국은 사라지지 않았습니다. 저는 이 수술 자국에 대해서 크게 생각한 적이 없었습니다. 오히려 영광의 흔적으로 여겼고요. 하지만 아내는 지우고 싶었나 봅니다. 그 마음을 저는 잘 헤아리지 못했고요. 아내가 흉터에 대해 이야기하면 잘 보이지 않는다며 그냥 대수롭지 않게 넘겼습니다. 아내가 여러 번 이야기를 한 후에야 비로소 흉터에 좋다는 약을 사다 주었습니다. 출산 후 여성은 많은 변화를 겪습니다. 심신이 지치고, 때로는 심각한 산후 우울증을 겪을 수도 있습니다. 저는 이 과정 전체를 출산의 과정으로 생각합니다. 아이가 태어난 기쁨을 아내와 함께 누리기 위해서는 전보다 아내에게 더 많은 관심을 기울여야 합니다. 그

게 자녀를 위한 길이기도 하고요.

<u>아빠가 됐다는 느낌</u>

'아곤'이에서 안아가 된 우리 첫 딸은 2주간 산후조리원에서 지냈습니다. 당연히 엄마와 아빠도 같은 조리원에서 지냈고요. 아내와 저는 이 2주만큼은 서로 편안하게 지내자고 했습니다. 안아는 엄마를 정말 힘들게 하면서 세상에 나왔지만 다행히 다른 문제는 없었습니다. 모유도 잘 먹고, 분유도 잘 먹고, 잘 놀았습니다. 여러 아이가 함께 누워있었는데도 제 딸이라서 그런지 구별하는 게 어렵지 않았습니다. 누가 봐도 제 딸인 걸 바로 알았을 것입니다(그만큼 닮았었습니다). 새 생명은 정말 신기했습니다. 그리고 참 알 수 없는 존재였습니다.

조리원에서는 아빠가 많이 도와줘야 한다고 하면서 여러 가지 - 아기 안는 법, 목욕시키기, 기저귀 갈아주기 등 - 육아와 관련한 교육을 진행했습니다. 하지만 초보 아빠의 눈에는 보이지 않았고, 귀는 막혀 있었습니다. 아기를 안아주는 것조차 겁나서 피하는 상황이었으니까요. 아기 목욕시키는 법을 아빠들 대상으로 교육하는데도 '이렇게 하면 되는구나.'라는 생각이 드는 게 아니라 '이건 절대 못 하겠는데.'라는 생각이 들 정도였습니다. 갓난아기를 한 번도 돌본 적 없는 초보 아빠한테 첫 딸은 사랑스러운 공포였습니다. 정말 사랑스러운 딸이지만, 혹 '단둘만 남는다면?' 생각만 해도 등

골이 서늘해지던 때였습니다.

　　　아무 문제없이 2주가 흘렀습니다. 이제 본가로 들어갈 때가 됐습니다. 체계적인 시스템을 갖춘 조리원과 달리 본가의 시설은 열악했습니다. 안아를 목욕시키려 해도 큰 대야를 준비하고 물을 끓인 다음 찬물을 섞어서 사용해야 했습니다. 이미 봄이 파릇한 자태를 뽐내야 할 때였지만 유난히도 추웠던 그해는 4월도 겨울만큼 추웠습니다. 몸 회복이 완전하지 않은 아내, 태어난 지 얼마 되지 않은 딸. 그리고 아무것도 모르는 아빠. 할머니 할아버지의 도움이 절실할 때였습니다. 하지만 자상하기만 할 줄 알았던 할머니와 엄마의 생각이 그렇게 다를 줄은 정말 꿈에도 몰랐습니다.

'조안아'로 할게요

안아가 태어나자마자 조리원에서 외출해서 읍사무소로 달려갔습니다. 빨리 출생신고를 하고 싶었기 때문이었죠. 이미 이름도 정해 둔 상황이었습니다. 여아(女兒)라는 사실을 알고부터는 '아곤'이라는 태명을 포기하고 '안아'로 부르고 있었습니다. '안'은 '평안할 안(安)'입니다. 그리고 '아'는 '아시아 아(亞)'로 결정한 상태였고요. 그래서 읍사무소에 도착하자마자, 당연히 한자로 '안아(安亞)'로 적어 냈습니다. 그런데 제 모습이 왠지 성급해 보였는지 담당하시던 분이 말씀하십니다.

　　　"이렇게 지금 등록하시면 혹 이름이 마음에 안 드실

경우, 개명 절차를 거쳐야만 이름을 바꿀 수 있습니다. 그러니 잘 판단하셔야 해요."

막상 그런 말을 들으니 위풍당당하게 앞만 보고 나아가던 저도 잠시 멈칫했습니다. 혹시 우리 부부가 모르는 부분이 있을 수도 있었으니까요.

"네. 그러면 잠시만요."

접수과정을 잠시 멈추고 스마트폰에서 '아세아 아'를 검색했습니다. 그리고 나니 '아세아 아'가 주로 좋지 않은 의미로 사용된다는 사실을 알게 됐습니다. 한자로 '조'가 '나라 조(趙)'였기 때문에 '조안아'라는 이름은 아시아, 즉 세계를 평안하게 할 수 있는 인물이 됐으면 하는 바람을 담아 작명했습니다. 하지만 '아'의 뜻이 우리 부부의 생각만큼 좋지 않았던 것이죠. '버금 아'라는 뜻이 가장 좋은 것이었는데, 버금은 '으뜸' 아래라는 의미입니다. 다음은 '누를 압'이라고도 했고, '흰 흙 악'이라는 의미도 있었습니다. 아무리 찾아봐도 첫 아이의 이름으로 적당한 뜻은 없었습니다. 그러다 보니 원래 계획처럼 사용할 수 없었고요. 그래서 얼른 아내에게 전화했습니다.

"여보, 안아 이름 등록하기 전에 마지막으로 '아'를 찾아보니, 별로 좋은 뜻이 아니네."

"그래? 그러면 우리 아빠가 보내주신 '아'와 관련한 한자가 있으니 그중에 하나로 결정하자."

마침, 장인어른께서 전에 '아'와 관련한 한자 10가지를 아내한테 보내주셨고, 우리 부부는 그중에서 하나를 선택하기로 했습니다. 결정은 오래 걸리지 않았습니다. '아'는 이제 '아름다울 아(婀)'로 바뀌었습니다. '세계를 평안하게 하여라.'에서 '세상을 평안하고 아름답게 만들어라.'라는 뜻으로 더 구체적인 의미를 지니게 됐습니다. 후에 장인어른께 여쭤봤습니다.

"아버님, 왜 저희가 선택한 '아세아 아'가 좋지 않은 뜻이었음에도 만류하지 않으셨어요?"

"너희가 공들여서 결정한 이름에 간섭하는 게 좋지 않다고 생각했단다. 하지만 혹시 너희가 바꿀지도 모를 걸 대비해서 몇 자 적어 보냈지."

장인어른의 선견지명과 관심에 다시 한 번 감사하다는 인사를 올립니다.

출생신고를 하고 나니 더욱더 실감이 났습니다. 그래요, 아기가 태어났습니다.

'이제 내가 아빠구나!'

그리고 조리원에서 집으로 왔습니다. 이때부터 좋은 아빠 역할을 시작해야 했지만, 아빠 역할은 쉬운 게 아니었습니다. 안아는 거의 모유 수유를 했기 때문에 제가 할 수 있는 일은 그저 지켜보거나, 트림시키기, 그리고 잘 때 조금 달래는 수준이었습니다. 그것 또한 익숙하지 않아서 자주 하지도 못했습니다. 게다가 대학원에 다니고 있었기 때문에 낮에는 안아와 함께 할 수 있는 시간도 거의 없었고요. 아이가 태어나면 적극적인 '육아 대디'가 되겠다는

다짐과 약속은 소리도 없이 사라졌습니다. 분명 안아의 아빠였지만 아기를 안아주고 재우고 기저귀 갈아 주는 일이 너무 힘들었습니다. 자주 해보지 않아서 어색했고, 왠지 제가 하면 문제가 생길 것만 같았습니다. 그리고 한번 울기 시작하면 엄마가 안아주기 전까지는 그치지 않는 안아를 오래 안고 있는 것 자체가 두려웠습니다. - 엄마에 대한 안아의 애착은 영유아 시절까지 그대로 유지됐습니다. 세상에는 오직 엄마만 있다고 생각하는 것 같았습니다. - 그때 선배들이 했던 말이 떠올랐습니다.

"애 볼래? 군대 다시 갈래? 하면 당연히 군대 간다."

"그런 게 어딨어요?"

라고 반문하면서 웃었는데 그 심정을 조금 알 거 같았습니다. '도대체 저 아이는 누굴까? 나랑 닮긴 했는데, 익숙해지지 않으니.' 그렇게 집에 온 지도 2주 정도가 지났습니다. 조금 나아지긴 했지만 여전히 안아는 엄마 품이 아니면 불안해했습니다.

"오늘은 어머니랑 나랑 산부인과에 가는 날이야. 그러니 병원에서 잠시, 안아를 당신 혼자 돌봐야 해요!"

청천벽력 같은 소리였습니다. '나 혼자 안아를 돌보라고?' 속으로는 공포에 떨며 절규하고 있었지만 차마 내색할 수 없었습니다. 그래 봤자 돌아오는 건 아내의 굳어진 표정일 테니까요.

"알았어. 아빠니까 어떻게든 되겠지."

잠시 후, 아침을 먹고 산부인과에 갔습니다. 두 여성분은 각자 진료실로 찾아가고 저는 안아를 안고 있었습니다. 다행히 안아

2. 기다렸던 책임감

는 엄마와 할머니가 보이지 않아도 울지 않았습니다. 아마도 엄마와 할머니가 주변에 있다고 생각하는 것 같았습니다. 목도 잘 가누지 못하는 갓난아기를 안고 '제발 울지 말아 줘!'라고 속으로 간절히 기도하는 아빠. 이런 마음을 주변 사람들이 알기나 했을까요? 그때 지나가던 한 할머니께서

"정말 아기네. 귀엽기도 해라."

라고 하시면서 자상한 미소를 짓고 가셨습니다. 정상적인 상황이라면 당연히 그런 칭찬에 어깨를 으쓱하며 감사했겠지만 당시에는 그 할머니가 얼마나 원망스러웠는지 모릅니다. 낯선 목소리가 들리자 안아가 고개를 들더니 이리저리 훑어보기 시작했습니다. '이제 올 것이 왔구나!' 곧 안아의 우렁찬 울음소리가 온 병원에 널리 퍼질 거라 예상하고 안절부절못하고 있었습니다. 안아는 어렵게 고개를 돌려 좌우를 보고 나더니, 눈을 들어 제 얼굴을 쳐다봤습니다. 눈이 마주쳤습니다. 두 가지 마음이 동시에 들었습니다. 하나는 '내 딸 참 예쁘다.' 그리고 다른 하나는 '제발! 제발!'

"아빠야!"

라고 말하고는 눈을 마주 보면서 웃어줬습니다. 제가 할 수 있는 최선이었죠. 그 상황에서 무엇을 더 할 수 있었을까요? 기적이 일어났습니다. 안아가 울지 않았습니다. 아빠 얼굴을 한 번 보더니 잠시 당황하는 듯했습니다. '왜 아빠가 날 안고 있지?'라는 표정이었습니다. 잠시 지켜보더니 울지 않고 제 가슴에 얼굴을 묻습니다. 그리고 눈을 감고 잠이 들었습니다.

'어? 자네!' 얼마나 신기했는지 모릅니다. 엄마도 할머니도 없는데 아빠한테 안겨 잠이 들었습니다. 아주 평온하게 말이죠. 난생처음 느끼는 감정이 가슴을 가득 채웠습니다. '내가 아빠구나!' 얼마나 기뻤는지 모릅니다. 그전까지는 내 딸이어도 낯선 존재였고, 안아가 정말로 저를 아빠로 생각하고 있는지도 확신할 수 없었습니다. 그런데 그 순간 확실히 알았습니다. 안아는 저를 아빠로 생각한다는 것을, 그래서 조금 자신감을 가져도 된다는 것을요.

엄마와 할머니의 진료가 길어졌습니다. 그리고 그날은 안아의 첫 예방접종 날이기도 했습니다. '생각보다 늦네. 예약된 시간이 다 됐는데. 나 혼자서라도 가야 하나?' 이런 생각을 알았는지 안아가 잠에서 깼습니다. 하품하는 모습이 어찌나 귀여운지 이마에 연신 입을 맞췄습니다. 그리고 아직 울지 않는 안아를 보니 혼자서도 해결할 수 있다는 자신감이 생겼습니다. '그래, 혼자 가자!' 안아를 안고 두 손에는 육아용품이 담긴 가방을 들고서 소아과로 이동했습니다. 안아는 아빠 품이 익숙해졌는지 울지 않았습니다. '아빠가 잘 챙겨줄 거야!'라고 생각하는 거 같았습니다. 아빠도 그 믿음을 깨기 싫었고요.

예방 주사는 허벅지에 두 번 맞아야 했습니다. 나이 어린 사촌 동생들이 주사 맞을 때 우는 모습을 자주 봐서 안아도 당연히 크게 울 거로 예상했습니다. 그런데 안아는 첫 번째 주삿바늘이 꽂히고 주사액이 다 투여될 때까지 울지 않았습니다. 태어나서 처음 맞는 주사이고 꽤 아팠을 텐데도 울지 않았습니다. 이후로도 안아는 많은 예방 주사를 맞았지만, 잘 울지 않았습니다. 치과에 가서 치료할 때도 울지 않았고요. 하지만 두 번째 주삿바늘이 다른 쪽 다리에 꽂히자 울기 시작합니다. '아, 결국 우는구나! 많이 울지 않아야 하는데.' 다행히 금세 울음을 그쳤습니다. 그리고 곧 엄마와 할머니께서 소아과로 와서 안아를 받아줬습니다. 엄마 품에 안긴 안아는 행복해 보였습니다. 아빠와의 모험도 즐거웠겠지만 엄마 품만큼 평안한 곳은 세상 어디에도 없을 테니까요.

"오늘은 제가 아빠 노릇 좀 했네요."

자찬하면서 '제 품에 안겨서 잠든 안아 이야기'와 '혼자 안아 예방접종 갔다 온 이야기'를 영웅이나 된 듯이 떠들어댔습니다. 아내와 어머니께서는 저의 자화자찬에 웃으면서

"그래, 고생했어!"

라고 격려해줬습니다. 아빠가 된다는 느낌, 참~ 좋았습니다.

아빠의 육아 Talk
"아기가 울지만 않으면 저도 잘 볼 수 있죠."

아기가 울면 초보 아빠들은 어찌할 줄 모릅니다. 그런데 신기하게도 엄마들은 우는 아이를 잘 달랩니다. 역시 초보 엄마인데도 말이죠. 그 차이는 준비라고 생각합니다. 아빠나 엄마가 제대로 준비돼 있지 않으면 천사 같은 아이라도 한순간에 악마처럼 보일 수 있습니다. 미디어를 통해 아동학대와 관련한 이야기가 종종 나옵니다. 그중에는 온 나라를 떠들썩하게 만들고 온 국민의 공분을 사는 끔찍한 사건들도 있습니다. 이런 끔찍한 사건 발생의 원인 중 하나는 자녀 양육 준비가 안 된 상태에서 부모가 되는 '상황'이라고 생각합니다.

새 생명이 태어나서 성장하는 데에는 많은 사람의 헌신과 노력이 있어야 합니다. 결국은 '준비'가 필요한 것이죠. 그리고 그 준비는 어려운 일들이 아닙니다. 그저 아이의 의식주를 원활하게 챙겨줄 수 있는 '능숙함'이 바로 준비입니다.

저도 머릿속으로는 '좋은 아빠의 모습'을 그리며 첫 아이의 탄생을 기다렸지만 현실은 상상과 너무 달랐습니다. 아이를 안고, 먹이고, 기저귀 갈아주는 게 처음엔 너무 어렵고 부담스러웠습니다. 하지만 아빠라면 열심히 해야 합니다. 오히려 다른 사람이 한다고 할 때도 아빠가 나서서 능숙해지도록 연습해야 합니다.

첫째 때의 실패를 거울삼아 둘째 때는 적극적으로 육아에 참여했습니다. 제가 확신 있게 할 수 있는 말은 이것입니다. 하다 보면 익숙해집니다. 그리고 그 익숙함이 사랑하는 아이를 편안하게 해 줄 거구요. 아빠도 할 수 있습니다.

나쁜 남편, 불효자가 되다

평소에 관계가 정말 좋았던 고부간이었습니다. 그래서 사랑스러운 안아를 돌보는 데 좋은 파트너가 되리라 생각했죠. 처음에는 예상과 다르지 않았습니다. 어머니께서는 손녀를 사랑해주셨고 아버지와 함께, 이른 새벽부터 눈을 뜨고 세상 구경에 한창인 안아를 돌봐주셨습니다. 그리고 출산한 지 얼마 안 된 아내를 위해서 좋은 음식도 만들어 주셨고요.. 이런 어머님의 정성에 아내도 무척 고마워했습니다. 그러나 어머니 세대와 우리 세대의 양육법이 달랐습니다. 과거에는 윗세대가 전해주는 방법으로 아이를 달래고 여러 상황에 대처했지만 지금은 육아와 관련한 수많은 최신 정보를 다양한 경로로 수집하여 활용합니다. 덕분에 초보 부모라고 하더라도 부모님들의 과거 경험에 의존하지 않고서도 여러 상황에 대처할 수 있습니다. 저만 모르는 사이 안아를 가운데 두고 세대 간의 골이 조금씩 깊어지고 있었습니다. 부모님께서 지금의 육아 방식에 보조만 해주시면 문제가 없을 듯한데, 당신들의 방법으로 자녀들을 잘 키워내셨기에 부모님들의 양보 수준은 정해져 있는 듯합니다. 분유 먹이는 것부터도 한 치의 양보가 없었습니다.

"아기들은 배부르게 배 빵빵하게 먹으면 잘 자고 칭얼

둘째는 아빠가 다 키웠어요

대는 것도 덜 하단다."

하지만 아내는 안아의 개월 수에 맞게 정량을 먹여야 한다고 생각했습니다. 혹 일부러 더 먹이면 후에 비만의 원인이 될 수 있다며 많이 먹이는 걸 극도로 자제했습니다.

"여보, 오늘도 어머니께서 안아 분유를 140이 아니라 160을 먹이셨어. 애가 다 먹었으면 모르겠지만, 한 20 정도를 남겼거든. 제발 그렇게 하지 마시라고 여보가 말씀 좀 잘 드려봐."

"응, 알았어. 별거 아니니까. 흔쾌히 들어주실 거야."

200도 아닌 분유 20ml로 시작된 갈등이 스노우 볼이 돼 큰 분란이 되리라고 생각할 수 있는 초보 아빠가 얼마나 있을까요? 여러모로 현명하고 아량이 넓은 제 아내에게도 산후우울은 찾아왔습니다. 안아가 옆에서 종일 보채고 있으니 자신의 감정을 돌볼 겨를이 없었죠. 처음에는 어머니께서도 잘 보조해주려고 노력하셨습니다. 하지만 분유 양과 같은 세밀한 부분에서부터 갈등이 조금씩 쌓여가니 전처럼 적극적으로 관여하시지 않았습니다. 제가 집에 하루 내내 머무르면서 아내와 같이 육아를 했다면 좋았겠지만, 당시 저는 대학원 공부를 하며 주중에 며칠은 연구 기관에서 아르바이트를 하고 있었습니다. 그러니 평소에 아내와 함께 있을 수 없었죠.

"여보, 언제 들어와?"

"응. 2시간 정도 있으면 끝나."

"끝나고 바로 들어올 거지?"

"응. 그래야지."

매일 서로 주고받는 메시지였습니다. 사실, 아내와 갓난아기만 두고 매일 나가는 것도 마음에 걸려서 다른 약속을 잡는 것은 엄두도 내지 못했습니다. 딱 하나, 결혼 이후에 많이 보태진 살을 빼기 위해서 운동을 다녔는데, 이제 운동마저도 중단하고 들어오라는 요청을 받아들여야만 했습니다(제가 철이 없었습니다. 신생아 아빠가 운동이라니…). 집에 들어가면 아내가 낮에 있었던 일들을 이야기했습니다. 대부분 어머니와 관련한 문제였습니다. 고부간의 관계는 점점 악화일로로 치닫는 듯했습니다.

"알았어. 오늘은 내가 어머니 모시고 나가서 말씀드리고 올게."

상식적으로는 참 쉽습니다. 사랑하는 아들, 그리고 그 아들의 아내, 둘 사이에서 태어난 첫 손녀. 결혼 전에도 아들 말이라면 어떤 것이라도 들어주시려 했던 어머니셨습니다. 그래서 저는 그때까지도 잘 말씀드리면 모든 문제가 쉽게 해결될 거라 생각했습니다.

"어머니, 오늘 저랑 마트 좀 다녀오시죠."

"그래? 뭐 살 거 있어?"

"네. 안아 분유도 좀 더 사고요."

"그래."

어머니를 모시고 마트에 들러 필요한 물건들을 구매하고 집

으로 돌아가는 길에 커피를 한잔 사드렸습니다. 커피에서 올라오는 수증기가 제 안경을 뿌옇게 만들었습니다. 앞으로 벌어질 답답한 날들의 복선이라는 걸 그때는 알 수 없었습니다.

"어머니, 제가 하나만 부탁드릴게요."

"뭔데?"

"그냥 아내가 하자는 대로 해주세요. 분유 140만 먹이겠다고 하면, 그렇게 해주세요. 그냥 140만 타 주시면 되잖아요. 안아가 더 먹겠다고 하면 이후에 아내가 더 타서 먹이도록요."

"내가 뭐 억지로 먹인다냐? 다 먹으니까 그렇게 하는 거지."

"그러니까, 그냥 140만 타서 주시거나 그렇게 먹여주세요. 별거 아니잖아요."

"알았다. 내가 뭐 내 마음대로 하는 게 있는 줄 아니?"

20ml 논쟁은 여기서 끝날 줄 알았습니다. 그러나 아니었습니다. 어느 날 집에 들어가니 안아는 어머니 품에 안겨 있었고 아내는 보이지 않았습니다. 그래서 방으로 들어갔더니 아내의 표정이 좋지 않습니다. 우리 아내는 마음속이 빨개지면 얼굴도 똑같이 빨개지는 토마토 같은 사람입니다. 적어도 남편한테는 그렇습니다. 얼른 곁에 앉아서 물어봤습니다.

"오늘 뭐 힘든 게 있었어?"

아내는 대답하지 않았습니다. 상황이 범상치 않다는 것을 직

2. 기다렸던 책임감

감으로 알 수 있었습니다. 그리고 곧 안아의 분유 먹을 시간이 됐는지 분유 타는 소리가 들립니다.

"이번에도 160 타서 안아가 다 먹지 않으면 가만히 있지 않을 거야!"

"응?"

"나가지 마! 그냥 있어!"

대형 충돌을 막기 위해 나가려 했던 저를 아내가 저지했습니다. 어쩔 수 없이 다시 옆에 앉았습니다. 곧 안아의 분유 먹는 소리가 들려왔습니다. 그리고 잠시 후, 안아가 다 먹었는지 분유 먹기를 거부하는 소리도 들렸습니다. 곧 아내가 벌떡 일어나 밖으로 나갑니다.

고부간의 언성이 높아졌습니다. 아버지께서는 그 둘을 중재하려 하셨지만, 어려웠습니다. 저는 안아를 받아 제 품에 안고 있었는데 어떻게 해야 할지 도무지 알 수 없었습니다. 결혼하고 나면 남편과 아들 역할을 잘해야 집 안이 조용하다고 했는데 완전히 실패했습니다. 그렇다고 좌절하고 앉아있을 수만은 없어서 밖으로 나갔습니다. 그리고 눈물을 흘리면서 하소연했습니다.

"여보, 미안해. 어머니 죄송해요. 제가 다 잘못했어요. 정말 잘해보려고 했는데, 마음대로 되지 않아요. 여보를 생각하면, 낯선 집에 나만 믿고 들어왔으니 정말 잘해주고 적극적으로 편이 돼 줘야 하는데 그렇게 하지 못했어. 안아를 키우다 보니, 나를 키워주신 어머

니의 고생이 느껴져서 어머니한테도 더 적극적으로 어필할 수가 없었어. 그러다 보니 이렇게 된 거 같아."

이렇게 말하고는 두 무릎을 꿇었습니다. 나중에 아내가 제가 이 부분을 블로그에 쓴 걸 읽어보더니 무릎을 꿇은 적은 없다고 하네요. 그러나 확실합니다. 전 태어나서 누구 앞에서 사죄하는 의미로 스스로 무릎을 꿇은 적은 이때가 처음이자 마지막이었습니다.

"내가 이렇게 무릎 꿇고 용서를 빌게. 제발 한 번만…"

이런 소란 속에서도 우리 딸은 제 양팔 위에서 잠을 자고 있었습니다. 안아를 깨울 순 없다고 생각하셨는지, 제 호소가 먹혔는지, 아니면 휴전 국면이었는지 어머니께서 밖으로 나가셨습니다. 그리고 세상에서 가장 모범적인 남편이셨던 아버지께서도 따라 나가셨습니다. 아내와 저도 방으로 들어와서 대화를 나눴습니다.

"여보, 내가 잘못했어."

"맞아. 여보가 잘못했어."

잠시 후 어머니께서 방문을 여시고 먼저 사과하셨습니다. 그렇게 자존심 센 분이 며느리한테 먼저 숙이셨습니다. 아내도 죄송하다고 사과했습니다. 그렇게 나쁜 남편, 불효자 아들이었던 처참한 순간이 지나갔습니다.

- 현재 고부간의 사이는 나쁘지 않습니다. 하지만 이 사건 이전으로 돌아가는 건 어려운 것 같습니다. 제가 볼 때는 그렇습니다. 그래도 꽤 좋은 사이입니다. 다만, 이 사건은 두 여인과 저에게 트라

우마로 남게 됐습니다. 저도 더 노력하려고 하지만 여전히 미숙합니다. 아버지께서 소천하시고 난 후, 어머니를 모시고 살고 있습니다. 이 제안을 아내가 먼저 해줬고요. 참 감사합니다.

둘째는 아빠가 다 키웠어요

아빠의 육아 Talk
"그래도 엄마가 하는 게 더 나으니까."

"한 아이를 키우려면 온 마을의 노력이 필요하다."라는 아메리칸 인디언 오마스 족의 격언은 너무나도 유명합니다. 여기서 '한 아이'를 '자녀'로 바꾸면 '온 마을'은 '가족'이 됩니다. '독박 육아'라는 표현은 애초에 '어불성설'입니다. 결코 정상인 말이 아닙니다.

과거 대가족 시대에는 삼촌, 고모, 형제들이 적게나마 아이를 키우는 일에 손을 보탰을 것입니다. 그러다 보니 주 양육자의 육아 부담이 적었고 아이는 알아서 큰다는 이야기도 나왔을 것입니다. 하지만 오늘날 핵가족 시대에 육아는 오롯이 부모의 책임으로 남겨졌습니다. 여기서 중요한 단어는 부모입니다. 엄마도, 아빠도 아닌 '부모'가 함께 육아하는 게 가장 중요합니다.

2~30년 전과 비교해 육아에 남성의 역할이 늘어난 것은 사실입니다. 하지만 여전히 주 양육자는 여성입니다. 제가 들었던 말 중에는 "남자한테는 아이를 돌볼 수 있는 유전자가 없어."라는 말도 있었습니다. 사실, 저도 여성들이 아이들을 더 잘 돌본다고 믿고 살았고요. 적어도 둘째가 생겨서 제가 '주' 양육자가 될 때까지는 그렇게 믿었습니다.

단편적인 상황만 고려하면 '엄마가 아빠보다 육아를 더 잘할 것 같다.'라는 생각은 오류가 아닙니다. 아이는 엄마와 10개월 동안 한 몸으로 지냈습니다. 그 기간에 아빠가 여러 가지 역할을 잘했다고 하더라도 엄마와 비교할 수 있을까요? 이후 태어나서도

둘째는 아빠가 다 키웠어요

모유 수유를 하는 경우, 젖 먹을 때 아빠가 해줄 수 있는 일은 겨우 가림막을 처주는 정도입니다. 특히, 딸일 때 아빠는 더 당황합니다. 목욕도 시켜주기 힘들고, 기저귀조차 쉽게 갈아줄 수 없습니다. 응가를 했을 때 처리하는 것도 남자랑은 다릅니다. 가장 사소한 것도 손쉽게 처리하기 어렵습니다.

그러다 보니 육아는 당연히 상대적으로 여성에게 특화된 일이라고 생각하는 것이죠. 아무리 각오를 단단히 하고 다짐해도 막상 아기가 태어나면 아빠는 뒷걸음질하게 됩니다. 그러나 이런 생각이 편견이었다는 것을 몇 년이 지난 후에 깨닫게 됐습니다. 둘째를 키우면서 말이죠.

누구나 처음에는 힘듭니다. 하지만 노력하면 엄마처럼 육아를 할 수 있습니다. 사실, 엄마도 처음부터 잘한 게 아닙니다. 하다 보니 잘하게 된 것이죠. 오히려 힘센 아빠가 엄마보다 더 손쉽게 아이를 돌볼 수 있을지도 모릅니다. 육아는 타고난 재능이나 유전자가 아니라 훈련입니다. 많은 시간을 아이와 함께한 부모가 더 잘할 수 있는 영역입니다. 그렇다고 해서 부부 중 한 사람만의 역할로 고정해서는 안 됩니다. 괜히 엄마와 아빠가 있는 게 아니거든요.

멀고 먼, 처가로

지금도 가끔 '산후조리원에서 바로 처갓집에 가서 몸조리하고 육아를 시작했다면 어땠을까?'라는 생각을 합니다. 물론 현실적으로 실행하기 어려웠을 듯합니다. 제 생활도 그렇고, 아내와 장모님 생활을 고려했을 때, 실현하기 힘들었을 것입니다. 당시 아내는 수도권 내에서 취업하기를 바랐고, 장모님은 퇴직 후 새로운 여러 일을 계획하고 실천 중이셨습니다.

한 번의 커다란 사건이 있었고 원만하게 풀었다고는 하지만, 얼마 전까지 좋지 않게 보였던 모습이 갑자기 좋게 보일 리는 없었습니다. 이미 한평생 살면서 굳어진 생각과 행동 또한 쉽게 변하기 어려웠고요.

"여보, 차라리 우리 집에 가 있으면 어떨까? 계속 산다는 것도 아니고, 잠시 몸조리하러 내려가는 거면, 우리 엄마도 크게 부담스러워하지 않으실 거야."

"응. 여보가 편한 대로 해. 나는 여보가 생각하는 대로 따를게."

그러고 나서도 아내는 한 일주일 정도 고민했습니다. 그런 일이 있자마자 친정으로 내려가는 게 마음에 걸렸겠죠. 하지만 얼마 지나지 않아 아내가 결심했습니다.

"여보, 이번 주 주말에 내려가자!"

"응. 알았어. 내가 부모님께는 잘 말씀드릴게."

2. 기다렸던 책임감

그렇게 안아는 태어난 지 한 달이 조금 지나서 외가댁으로 갔습니다. 그때는 당분간이라고 생각했는데 이제는 저까지 내려와서 처가댁 근처에서 살고 있네요.

한참 차를 타고 이동하던 중이었는데 어머니께서 아내에게 전화하셨습니다. 그리고 미안하다는 말씀을 하셨습니다. 어머니께서도 며느리가 내려가는 모습이 좋지 않으셨던 것이죠. 그러나 당장 그렇게 떨어져 사는 게 낫다는 것을 서로 인정한 것이기도 했습니다.

이제 저는 수도권과 대구를 오가면서 지내야 할 상황이 됐습니다. 흔히 말하는 주말부부가 된 것이죠.

주말 부부

1주일에 한 번 아내와 안아를 보러 갔습니다. 바쁠 때는 2주 만에 내려가기도 했습니다. 주로 금요일 오후에 내려가서 월요일 새벽 기차로 다시 서울에 올라왔습니다. 처음에는 '뭐, 일주일에 한 번인데 크게 힘들 거 같지 않다.'라고 생각하며 KTX 여행을 즐겼습니다. 서울역에 도착해서 간단히 저녁을 먹기도 하고, 카페에서 시간을 보내기도 했습니다. 좁은 좌석이지만 흔들림이 크지 않아서 논문을 읽거나, 교재를 훑어보는데도 괜찮았습니다. 왕복 4시간에 가까운 시간을 알차게 사용했습니다.

그렇게 한 달, 두 달 정도는 재미있게 주말 부부 기간을 보냈

습니다. 하지만 저만의 생각이었죠. 아내는 불만이 서서히 쌓여가기 시작했습니다. 결혼한 지 얼마 되지 않아서 떨어져 살게 된 데다가, 거의 혼자서 육아를 해야 했습니다(물론 장모님께서 도움을 주셨습니다). 그러니 일주일에 한 번 보는 남편이 반가우면서도 원망스러웠던 것이죠. 그래서 떠나기 전날에는 항상 변하지 않는 질문을 던졌습니다.

"여보는 이번에 내려와서 남편과 아빠 역할을 잘한 것 같아?"

이렇게 아내가 추궁하면 답은 간단합니다.

"아니, 미안해!"

"금요일 저녁에 내려와서 월요일 새벽에 올라가는데 단 이틀을 제대로 못 보내네."

할 말은 많았죠.

"생각해 봐! 나도 놀다가 내려오는 게 아니라 공부에 아르바이트에 정신없이 보내다가 내려오는 거잖아. 그리고 오가는 열차 안이 편한 것도 아니고. 난 다시 서울에 도착하자마자 공부하고 할 일 하느라 정신이 없다고!"

그러나 이런 말은 절대로 내뱉어서는 안 된다는 것을 전 잘 알고 있었습니다. 그러고 보면 최소한의 지혜는 있었나 봅니다. 한 6개월이 지나니 왕복 4시간을 제대로 활용하기 힘들었습니다. 특히, 새벽 열차를 타고 서울로 다시 올라갈 때는 비몽사몽에 빠진

2. 기다렸던 책임감

상태였습니다. 그리고 항상 전날 밤에 아내한테 좋지 않은 소리를 들으니 떠날 때는 '빨리 가자! 그게 내가 살 길이다.'라는 심정이었죠. 그러나 사람의 마음은 참 알다가도 모르겠습니다. 다시 월요일 밤이 되면 아내와 안아가 보고 싶었습니다. 아내도 전날의 열분(熱憤)을 가라앉히고 다정하게 사랑의 마음을 전했습니다. 하지만 다시 금요일 저녁이 돼 대구에 내려가서 이틀을 보내고, 월요일 아침이 되면 '얼른 올라가자!'라는 생각밖에 없었습니다.

일주일 혹은 2주일 만에 보는 안아는 정말 무럭무럭 성장했습니다. 뒤집기도 못 했던 아이가 어느 날 기기 시작하더니 어느 순간에는 집에 들어오는 저를 앉아서 쳐다보고 있습니다. 정말 신기함, 그 자체였습니다. '네가 내 딸이구나!'라는 뿌듯함과 감격에 눈물을 흘린 적도 꽤 있습니다. 보는 것만으로도, 안고 있는 것만으로도 행복했습니다. 머리숱이 별로 없는 머리에 수백 번 아니, 수천 번 뽀뽀했고, 손과 발은 하도 만져대, 닳아서 없어질 것만 같았습니다. 그런데 신기하게도 아이의 머리카락은 계속 늘어가고 닳아 없어질 거 같던 손과 발은 볼 때마다 커졌습니다. 그리고 더 놀라운 일은 오랜만에 보는 아빠였지만, 잊지 않고 낯설지 않게 웃어줬고 성장할수록 아빠를 더 행복한 모습으로 반겨주었습니다. '안아야, 정말 미안해! 하지만 정말 사랑한단다.' 당시 제 심정이었습니다.

대구에 있을 때는 주로 제가 안아를 재웠습니다. 그러는 동안 정말로 기적의 100일을 체험할 수 있었습니다. 100일이 지나

니 안아는 한 번에 4시간 이상 잠을 잤습니다. 그전에는 수시로 깨서 엄마의 젖을 먹기도 하고 보챌 때는 다시 엎거나, 안아서 재워야 했습니다. 이런 과정을 아내는 매일 겪어야 했으니 일주일에 한 번 내려오는 저를 좋게 볼 수 있었을까요?

그 시절 안아만을 위한 자장가를 불러줬는데, '쇼팽의 야상곡'에 가사를 붙여서 불러주기도 하고, '넬라판타지아'의 멜로디에 가사를 붙여서 불러주기도 했습니다. 아빠의 마음은 얼른 아이가 잠들었으면 하는 마음도 있었지만, 나중에 커서 좋은 음악에 관심 가져줬으면 하는 바람도 있었습니다.

안아는 성장하면서 음악을 좋아했습니다. 음악적 재능을 발견하기도 했고요. 아빠가 열심히 노래해준 보람을 느꼈습니다. 하지만 아빠가 들려준 클래식보다는 외할머니께서 듣는 트로트를 더 좋아했습니다. 그러고 보니 우리 둘째도 어린 시절에 불러줬던 노래와는 상관없이 트로트를 더 좋아하네요.

기저귀가 무서운 아빠

저랑 막냇동생은 19살 차이가 납니다. 그래서 동생이 어렸을 때, 잘 모르는 사람들은 저를 삼촌으로 보기도 했습니다. 동생이 태어나고 나서 몇 달 지났을 무렵, 부모님께서 잠시 외출하셨고 동생은 침대에서 노는 중이었습니다. 그리고 부모님은 한 시간 내에 돌아오신다고 하셨습니다. 저는 당연히 그 시간 정도는 문제없이 돌볼 수 있다고 생각했습니다. 부모님이 안 계셔도 보채는 아이가 아니었으니까, 충분히 돌볼 자신이 있었죠.

하지만 만용(蠻勇)이었습니다. 평범하게 놀 때는 문제가 없었는데 갑자기 얼굴이 바뀌더니 울기 시작합니다. '뭐지?'라고 생각하면서 여러 가지를 생각했는데 결론은 기저귀였습니다. 그리고 기저귀를 살펴보니 '쉬'를 했네요. 기저귀를 한 번도 갈아 본 적은 없었지만 여러 번 지켜봤기 때문에 쉽게 갈아 줄 수 있을 거 같았습니다.

"형이 기저귀 갈아 줄 테니까, 조금만 기다려."

그렇게 말했지만, 형이 미덥지 못했던 걸까요? 동생은 계속 울었습니다. 동생은 울고, 저는 당황하고. 그러다 보니 기저귀가 쉽게 눈에 들어오지 않았습니다. 그러다가 어렵게 기저귀를 찾아서 앞뒤를 구분하고 나서 동생의 젖은 기저귀를 벗겼습니다. 솔직히 기저귀를 벗겨주면 우는 게 줄어들 줄 알았는데, 그렇지 않았습니다. 그나마 하체를 감싸고 있던 기저귀와 내복이 벗겨지니 썰렁했는지 동생은 더 정신없이 울었습니다. 울음소리가 너무 커서 그 순간 저는 공황 상태가 됐습니다.

그래도 심기일전(心機一轉)해서 다시 기저귀를 동생 엉덩이 아래에 펼치고 기저귀를 채우려고 노력했습니다. 그러나 실패했습니다. 여러 번 시도하다가 결국 포기했습니다. 동생은 이제 우는 수준을 넘어서 악을 쓰고 있었습니다. 저는 그 상황을 해결하지 못했습니다. 도망쳤습니다. 문을 열고 밖으로 나갔습니다. 그리고 집

근처 언덕에 올라갔습니다. 아무리 멀리 도망쳐도 동생 울음소리가 따라오는 듯 했습니다.

"미안해! 미안해! 형이 미안해!"

얼마나 울었는지 모릅니다. 동생 기저귀도 갈아주지 못하는 저 자신을 많이 질책했습니다. 그렇게 한 5분이 지났을까. 혼자 두고 온 동생이 걱정됐습니다. 심적으로 안정을 찾으니 이성이 눈을 떴습니다. '맞다! 내가 여기 있으면 안 되지!' 정신없이 달렸습니다. 멀지 않은 곳이었지만 가는 길이 몇 킬로미터는 되는 듯했습니다. 4층까지 성큼성큼 뛰어올라서 현관문을 열었습니다. 고요했습니다. 한창 울고 있을 거로 생각했는데 동생의 울음소리가 들리지 않았습니다. 동생을 눕혀놓은 침대에 조심스럽게 가봤습니다. 동생이 아래에는 아무것도 입지 않은 채 새록새록 잠들어 있었습니다. 울다가 지쳐서 잠든 것이었죠. 하체를 이불로 덮어줬습니다. 그러고 나니 더 미안했습니다. '난 형이 될 자격이 없다!'라고 다시 자책했습니다. 잠시 후 부모님이 돌아오셨습니다.

"그런데, 왜 애가 옷은 벗고 있어?"

"제가 기저귀를 갈아 주려고 했는데…"

"그래? 알았다."

어머니께서는 대충 상황을 짐작하셨는지 더는 묻지 않고 자는 동생에게 기저귀를 채워주셨습니다. 이후로 저는 기저귀를 쳐다보지도 않았습니다. '내가 감히 넘볼 수 있는 영역이 아니다.'라고 생각한 것이죠.

2. 기다렸던 책임감

그러고 나서 15년이 흘렀습니다. 저에게는 이제 동생이 아니라 딸이 생겼습니다. 그것도 남아(男兒)가 아니라 여아(女兒)입니다. 안아를 돌 볼 때는 항상 주위에 아내, 장모님, 어머니 등 여성이 함께 있었습니다. 그래서 저는 기저귀를 가져다주기는 했어도 갈아준 적은 없었습니다. 용변 본 기저귀를 정리해주면 버리기만 했습니다.

아내도 과거 저의 동생 기저귀 사건을 들어 알고 있었기 때문에 저한테 많은 걸 기대하지 않았습니다. 특히, 여아는 신체 구조가 다르니 더 조심스럽기도 했고요. 그런데 결국 올 것이 왔습니다.

처형 댁에 잠시 방문했는데 아내와 처형이 한 시간 정도 외출한다는 것이었습니다. 다행히 안아는 자고 있었고, 대개 한번 잠들면 한 시간 정도는 잤기 때문에 저는 잘 다녀오라고 하고는 안아 곁에 누웠습니다. 한 20분 정도 지났을 무렵이었습니다. 안아 옆에 살포시 누워있는 저를 물끄러미 쳐다보는 시선이 느껴집니다. 그래서 고개를 돌려보니 안아가 뭔가 이상하다는 듯한 표정으로 저를 쳐다봅니다. 그래도 다행스럽게 울지는 않았습니다. 그런데 어디선가 익숙한 냄새가 제 코에다 찐하게 키스를 하네요. 거부할 수 없는 강렬한 키스였습니다.

"안아야, 응가했어?"

대답하지 못하는 안아에게 굳이 물어보는 것은 제가 당황했다는 뜻입니다. 이 상황에서 선택할 수 있는 것은 세 가지 입니다.

둘째는 아빠가 다 키웠어요

첫째, 갈아준다. 둘째, 아내한테 전화한다. 셋째, 울더라도 아내가 올 때까지 기다린다. 15년전 작은 용변도 처리하지 못한 제가 큰 용변을 처리한다는 것은 불가능하다고 생각했습니다.

그런데 '아빠'라는 단어는 과거의 '불가능'이라는 단어를 지우고 싶었나 봅니다. 트라우마로 자리 잡았던 기저귀를 다시 집어 들었습니다. 그리고 다시 한번 도전하기로 했습니다. 작은 용변은 벗기기가 쉽습니다. 내복을 벗기고, 기저귀를 벗기면 끝입니다. 그런데 큰 용변 처리 과정은 다릅니다. 내복을 벗기고, 기저귀를 벗기되 다 벗기면 안 됩니다. 그렇게 하면 주변에 용변이 다 묻게 되니까요. 저는 그동안 다른 사람이 갈아주던 모습을 떠올렸습니다. 우선, 기저귀를 벗긴 상태에서 물휴지로 엉덩이를 닦아 줬습니다. 여아라서 방향에도 주의하면서 잘 처리했습니다. 그렇게 해서 물휴지 3장 정도에 마무리할 수 있었습니다. 그런 다음 용변 닦은 물휴지를 기저귀에 넣고 둘둘 말아서 정리했습니다.

"성공했다!"

드디어 15년 만에 기저귀 트라우마에서 벗어날 수 있었습니다. 그래서 외쳤습니다.

"이제, 나도 아빠다!"

단순한 용변 처리였지만 굉장히 자랑스러웠습니다. 얼마 후 아내와 처형이 돌아왔습니다.

"안아가 깼네? 언제 깼어?"

"여보 나가고 한 20분 후에."

2. 기다렸던 책임감

"그래? 그런데 전화도 안 했네?"

"응, 나도 아빠잖아!"

"그래."

라고 하면서 아내가 웃었습니다. 그리고 나서 곧 기저귀를 발견했습니다.

"안아 기저귀 갈아줬어?"

"응. 아빠잖아."

"올~ 진짜네."

"응. 똥 쌌거든."

"뭐? 똥? 정말 여보가 갈아줬어?"

"응. 그럼 누가 갈아줘. 아빠니까 갈아줘야지."

"오! 대단한데!"

아내도 신기했는지, 한동안 대견스럽다는 듯이 쳐다봅니다. 아마도 조금씩 발전하는 남편을 보면서 흐뭇했던 것 같습니다. 저 역시도 '이제 나도 아빠다!'라는 생각에 참 뿌듯했고요.

<u>육아 DNA를 찾아라!</u>

10여 년 전 친구 한 명이 병원에 입원했습니다. 원인은 과로와 스트레스였습니다. 그 친구는 군 시절에 훈련을 같이 받았던 친구였습니다.

"어찌하다가 입원한 거야?"

"도저히 쉴 틈이 없었어. 10시쯤 집에 들어가면 아기가 있잖아. 아기를 돌보다가 결국 쓰러진 거지."

"에고. 힘들었구나. 정말 애 보는 게 군대보다 더 힘들어?"

"응. 내가 각개전투하다가 쓰러졌잖아?"

"그렇지."

"그것보다 더 힘들어!"

　　친구는 각개전투 훈련 중에 쓰러져서 응급조치를 받았던 친구였습니다. 그때 저는 쓰러진 친구 곁에 앉아있었고요. 그래서 그때 모습이 생생합니다. 그런데 그 힘든 훈련보다 아기 돌보는 게 더 힘들어서 쓰러졌다고 합니다. 당시 총각이었던 저는 이해하기 어려웠습니다. 결혼 이후에도 '남자는 아이를 돌보기 힘들다.'라는 말을 종종 들었습니다.

　　최근에는 남성들도 육아에 적극적으로 가담해서 아기 띠를 허리에 두르고 아기를 안고 다니거나, 유모차 미는 모습도 자주 볼 수 있습니다. 경험과 관찰을 토대로 아빠가 육아에 참여하는 단계를 나름대로 구성해 봤습니다.

　　안아주기 > 분유 타기(밥 먹이기) > 소변 기저귀 갈기 > 똥 기저귀 갈기 > 목욕시키기 > 여행/외출 시 아기 짐 챙기기 > 접종하러 병원 가기 > 아플 때 간호하기. 이것 말고도 육아에서 큰 부분을 차지하는 부분이 아이의 feeding - 수유 양과 수유 텀 정하기, 이후에는 이유식 스케줄 / 식단 정하고 만들기 등 - 과 관련된 부분이 있습니다.

저는 위의 단계 중 아플 때 간호하기까지는 첫째 때 경험해 봤고, 이후 단계는 둘째 때 모두 경험해 봤습니다.

뒤로 갈수록 아빠들이 참여하거나 전담하는 확률이 떨어집니다. '이건 엄마가 해야지.'라고 하며 아빠는 뒷짐 지고 관망할 때가 많습니다. 아이한테도 그게 더 낫다고 아내에게 이야기합니다. 하지만 저는 '엄마가 해야 아이에게 더 좋다.'라는 말에 대한 근거는 없다고 확신합니다.

다시 말하지만 저는 기저귀 트라우마가 있는 아빠였습니다. 그리고 아무리 사랑하는 딸이라 하더라도 단둘이 남게 되면 긴장하게 되고 두려움이 몰려왔습니다. 분유를 먹이는 것도 어색했고 특히, 용변 문제를 해결해 주는 게 너무 힘들었습니다. 딸은 아빠라고 믿고 따르려 했지만 그런 믿음에 부응할 수 있는 아빠가 되는 게 정말 어려웠습니다. 하지만 경험이 답이었습니다. 기저귀도 자주 갈아주고, 종종 씻겨주다 보니 할만했습니다. 분유를 주거나 밥이나 간식을 먹이는 것도 어렵지 않았고요. 단둘이 있어도 잘 지낼 수 있었습니다. 물론 "잘 돌봤냐?"라는 질문에는 선뜻 "그렇다!"라고 대답하기는 어렵지만, 적어도 먹는 것, 자는 것, 안전 문제만큼은 책임질 수 있게 됐습니다.

쉽게 생각하면 아기 돌보는 일은 전적으로 부모만의 일이라고 생각하기 쉽습니다. 그러나 아기들도 상황 판단을 합니다. 저는 아이들이 돌봐주는 사람이 엄마에서 아빠로 바뀌면, 아빠에 맞

춰서 태도를 전환한다는 느낌을 받았습니다. 그리고 어느 정도 성장한 후에는 엄마한테 기대하는 수준과 아빠한테 기대하는 수준을 분명히 다르게 했습니다. 사춘기 아이들이 아빠와 엄마의 성격을 잘 파악하고 그 부분을 활용해 원하는 것을 얻어내는 것처럼 영유아기 아기들도 현재 자기와 함께 있는 양육자의 수준을 판단해서 기대치를 조절합니다. 아내가 있는 동안에 안아는 거의 낮잠을 자지 않았습니다. 그러나 저랑 있는 시간에는 그 어려운 낮잠을 잤습니다. 그래서 아내가 돌아왔을 때 "안아 잤어."라고 알려주면 "정말?"이라고 하면서 놀라곤 했습니다. 둘째도 마찬가지였습니다. 둘째는 낮잠 패턴을 제가 분석해서 하루에 세 번 낮잠을 재웠습니다. 하지만 이 패턴은 엄마나 할머니가 돌볼 때는 잘 적용되지 않았습니다.

둘째를 맞이했을 때 여러 사정으로 제가 육아를 전담했는데 무리 없이 해냈습니다. 결국, 육아는 유전자 문제가 아니라 경험과 방법이 중요하다는 게 증명됐습니다. 그리고 둘째는 컨디션이 좋지 않을 때, 엄마를 찾지 않고 아빠를 찾았고요. 그때마다 저는 왠지 의문의 1승을 거둔 기분이었습니다.

아빠의 육아 Talk
"애 볼래, 군대 갈래 하면 난 군대 간다!"

남성들은 왜 군대 얘기와 유전자 문제까지 언급하면서 육아에서 벗어나려고 할까요? 무섭고 안 해봤고 모르기 때문입니다.

세상 모든 일이 그렇듯 모르면 배워서 알면 되고 익숙해질 때까지 연습하면 됩니다. 그러나 육아만큼은 그렇게 하지 않습니다. 이런저런 핑계를 대서 빠져나가려고 합니다. 몇 년 전에 자녀들을 대상으로 가장 위대한 단어를 적어보라고 했습니다. 1위는 어머니였습니다. 그리고 2위가 사랑이었죠. 그렇다면 아빠는 몇 위였을까요? 2위는 놓쳤으니 한 3위, 혹은 적어도 5위 안에는 들었을까요? 그러나 아빠라는 단어는 10위 안에도 존재하지 않았습니다.

그리고 청소년을 대상으로 고민이 있을 때 상담 대상이 누구인지에 대해서 설문 조사한 적이 있습니다. 1위는 친구였습니다. 그리고 선생님, 엄마 등이 순위권에 있었습니다. 그러나 아빠는 1,000명 중 2명 정도였습니다. 유전자를 핑계 삼아 육아를 피하고, 새벽에 잠에서 깬 아이를 외면하고 잠든 척했던 아빠들에게 어울리는 성적표입니다.

저는 우리 딸들의 최고의 단어 5위 권 안에 '아빠'를 올려놓는 게 목표입니다. 그리고 딸들이 고민이 있을 때 찾아가는 상담자가 될 수 있기를 소망합니다.

<u>육아의 기본에 충실해야 할 때</u>

햇수로 3년 정도를 주말부부로 살았습니다. 오가면서 쓴 KTX 비용과 도시락 값만 생각해도 정말 '어마어마' 합니다. 그렇게 열심히 오갔지만, 결과적으로 돌아온 건 아내의 불만과 아빠를 낯설어하는 안아, 그리고 나날이 지쳐가는 제 모습이었습니다.

"여보, 안아 돌봐주시는 이모님이 다리를 다치셨대. 그래서 안아를 돌봐 줄 사람이 필요해."

어느 날 아내한테 걸려 온 전화였습니다.

"그래? 그럼 어떻게 하지?"

"일단, 내려와서 상의하자."

"응. 알았어! 최대한 일찍 내려갈게."

당시 이래저래 추진했던 일들도 잘되지 않았고, 대학원도 휴학하게 된 상황이었습니다. 제가 마음만 먹으면 안아를 돌볼 수도 있었습니다. 하지만 현재는 일이 잘되지 않고 있어도 장밋빛 미래를 기대하며 설계하고 있었기에 선뜻 "내가 안아 볼게!"라는 말을 하지 못했습니다. 아내도 이런 제 상황을 알았기에 무리하게 요청하지 않고 여러 대안을 모색하자고 했습니다.

지금 생각해봐도 아내는 참 현명합니다. 중요한 결정을 앞둔 상태에서 아내는 항상 신중하게 여러 상황을 고려합니다. 저에게 참 부족한 부분이죠. 그래서 저는 아내를 존경하고 사랑합니다.

그 주에 대구에 일찍 내려갔지만 저녁이 돼서야 아내를 만

날 수 있었습니다. 그리고 본격적으로 안아 문제를 의논했습니다.

"일단, 몇 가지 방법이 있어. 먼저, 내가 한 달 정도 이 모님 대신 안아를 돌보는 방법, 그리고 안아를 우리 본가에 데려가서 할머니께 잠시 부탁드리는 방법이 있어."

"그렇게 되면 내가 매주 대구에서 서울로 올라가야겠 지?"

"그렇게 해야겠지."

당시에는 제가 대구에 와서 안아를 전적으로 돌봐야 한다는 생각을 아무도 하지 않았습니다. 그래서 아내도 당분간 시어머니께 맡긴다고 생각한 듯합니다. 그때 제가 말했습니다.

"여보의 체력을 고려하고, 안아가 세상에서 가장 사랑하는 사람이 엄마라고 생각할 때 안아를 본가에 맡기는 것은 좋은 방법이 아닌 거 같아. 안아랑 여보가 떨어져 산다고 생각하면, 안아가 너무 불쌍해."

이 말을 하는 동안 제 눈가에 눈물이 맺혔습니다. 할머니와 아빠가 아무리 노력해도 엄마의 공백을 메워줄 수 없다고 생각했습니다. 그리고 아내가 매주 오가는 힘겨운 과정을, 하는 일과 동시에 해야 한다고 생각해보니 너무 미안했습니다. 그리고 당시에는 한 달 정도만 버티면 되니까 굳이 아내와 안아가 떨어질 필요가 없다고 생각했습니다.

"그러면 어떻게 할 건데?"

"기간이 길지 않으니까, 내가 안아를 볼게. 그래 봐야 한 달 정도잖아."

뜻밖의 해답에 아내는 잠시 어리둥절했지만 곧 다행이라는 표정을 지었습니다.

"응. 고마워!"

"뭘. 아빠가 딸을 돌보는 게 고마울 일인가?"

12월 어느 날 그렇게 안아와의 본격적인 만남을 시작했습니다. 안아가 태어난 지 32개월 만에 우리 가족 세 명이 모여 살 수 있었죠. 일주일에 한 번 보던 딸을 매일 보니 참 좋았습니다. 그리고 장모님께서 저녁 시간에는 도와주기로 하셔서 어려울 일도 없을 듯했습니다. 안아도 매일 아침에 눈을 뜨면 옆에 아빠가 있어서 좋아했습니다. 당연히 아빠가 더 좋았고요. 곧 우리는 낯설지 않은 부녀지간이 됐습니다. 그것만으로도 참 행복했습니다.

그러나 이런 행복감은 곧 사라졌습니다. 아침 시간 이후 모두 나가고 둘만의 시간이 되면 쉽지 않았거든요. 텔레비전을 보여 주는 것도 한두 번이었습니다. 당시, 안아는 영상 보는 걸 좋아하지도 않았고요. 오히려 아빠한테 안기거나 함께 노는 걸 더 좋아했습니다. 아빠를 사랑하는 딸, 아빠에게 그보다 좋은 것은 없었습니다. 하지만 온전한 돌봄을 주어야 하는 주 양육자의 역할은 절대 쉬운 일이 아니었습니다.

원래 저는 외향적이어서 집 안에 있는 것을 정말 싫어합니다. 혹, 집에 있더라도 계속 뭔가를 읽고 정리하는 스타일입니다.

그런데 안아와 함께 있으니 마음대로 할 수 있는 게 없었습니다. 말도 할 줄 알고, 의사 표현도 잘하는 안아였지만, 기저귀를 갈아 줘야 했고, 밥도 먹여줘야 했습니다. 육아의 기본 중 기본이었지만 그 기본조차도 너무 힘든 시절이었습니다. 응가는 여전히 갈아주기 힘들었고, 밥을 먹일 때는 충분히 시간을 두고 먹여야 했지만 그렇게 하지 못했습니다. 결국에는 먹이다가 지쳐서 "빨리 먹어!"라고 하며 재촉하기 일쑤였죠.

지금 생각하면 요령이 너무 없었습니다. 몰라도 너무 몰랐고요. 모르면 배워야 하고, 찾아봐야 했는데 그렇게 하지 않았습니다. 그렇다고 노력을 전혀 하지 않은 것은 아닙니다. 아이의 장래 교육을 생각하면서 루소의 『에밀』을 읽고, 존 듀이의 다양한 교육 서적을 훑었습니다. 당장 필요한 것은 세밀한 육아 요령과 스킬이었는데, 저는 그런 내용은 별거 아니라고 생각하면서 위대한 철학자의 담론과 이론들만 머릿속에 꾸역꾸역 넣었습니다.

내 예쁜 눈에서 눈물이!

아빠와 딸은 아침마다 눈을 뜨면 서로 반갑게 인사했습니다.

"우리 안아 잘 잤어?"

"응. 아빠도 있네."

안아는 아빠가 있는 게 너무 좋았나 봅니다. 저도 몇 년 만에 아내와 딸과 지내니 좋았습니다. 정말 남편이 된 기분이었고, 예쁜

딸의 아빠여서 너무 뿌듯했습니다. 그러나 며칠 지나니 똑같은 패턴에 지루해졌습니다. 반갑게 인사를 나누는 시간은 오직 몇 분이었고 다음부터는 안아와의 전투가 시작됐거든요.

"안아야, 아빠가 잠시 뭘 해야 하니까, 뽀로로 좀 보고 있어."

"응. 그럴게."

한 30분 지났을까? 안아가 아빠를 찾습니다. '뽀통령'과의 시간은 그리 길지 않았습니다. 이제 아빠한테 매달려서 놀아야 할 시간이었습니다. 한번은 하도 매달려 있어서 화장실도 못 갔습니다. 혹 강제로 떼어놓고 화장실에 가면, 여지없이 안아의 울음소리가 온 집 안을 가득 채웠습니다. '도대체, 왜 그러지? 화장실도 못 가게 하니.' 마침 아내한테 전화가 왔는데 퉁명스럽게 받았습니다. 아내는 초보 아빠한테 딸을 맡겨서 불안했는지 하루에도 몇 번씩 저의 안부를 물었습니다. - 그 마음이 오죽했을까요?

"응. 왜?"

"그런데 목소리가 왜 그래?"

"지금 안아가 매달려서 나 화장실도 못 가게 해!"

"에고. 힘들겠네."

전화를 끊고 나서 아내한테 메시지가 왔습니다. 아무것도 모르고 열정만 앞설 때 했던 말을 그대로 상기시켜 줬습니다.

"여보가 그랬잖아. 다른 아빠는 자녀들과 함께 할 시간이 턱없이 부족한데, 나는 아이와 종일 같이 있을 수 있는 특권이 생겨서 고맙다고."

더 할 말이 없었습니다. 제가 한 말이었으니까요. 그리고 그 마음은 사실이었습니다. 예상보다 힘들고, 지루하고, 답답했어도 안아를 사랑하는 마음은 진심이었습니다. 그리고 그런 딸과 많은 시간을 보내는 게 당장은 힘들어도 나중에는 행복한 추억이 될 거로 생각했고요.

하지만 미래는 미래고 현재는 현재였습니다. 아이는 아빠한테 매달려 있었고 잠시도 가만두지 않았습니다. 화장실도 못 가게 하는 판국에 생산적인 일을 한다는 것은 불가능했죠. 저는 무엇이라도 하고 있어야 안정이 되는 사람입니다. 쉬는 날보다 일하는 날을 더 좋아하는 유형의 사람이죠.

물론 육아가 아주 힘든 일이라는 걸 지금은 알지만 당시는 일이라고 생각하지 않고 어쩔 수 없이 잠시 아이와 함께 있는 시간으로만 생각했습니다. 그러다 보니 무작정 흘러가는 시간이 아까웠고 책이라도 읽어야겠다고 생각한 것이죠. '이렇게 보내지 말고 생산적인 일을 하자. 그동안 읽지 못한 책을 읽자.' 특별한 활동이 없다 보니 잠도 잘 오지 않았습니다. 체력이 남아돈 거죠. 그 체력으로 안아를 더 잘 돌봐줬다면 좋았겠지만 그럴 생각이 없었습니다. 최소한의 에너지로 아이를 돌보고 나머지로는 제가 하고 싶은 일을 하려고 했습니다. 지금 생각하면, 참 어이없는 생각인데 '모르면 용감하다.'라는 말처럼 두 가지를 병행하려고 했습니다.

우선순위는 분명 육아인데, 어찌하다 보니 책을 읽는 시간이

'주'가 되고, 육아가 객이 됐습니다. 흔히 말하는 '주객전도(主客顚倒)'가 된 것이죠.

하루는 평소처럼 안아한테 영상을 틀어주고 방에 들어가서 책을 읽고 있었습니다. 그런데 그날따라 영상이 재미없었나 봅니다. 곧 저를 찾아왔습니다.

"아빠, 책 조금만 더 읽으면 되니까, 안아 혼자 뽕뽕이나 뽀로로 보고 있으면 안 될까?"

"응. 알았어!"

대답은 했지만 채 5분이 안 돼서 또 저에게 왔습니다. 그런 일을 몇 번 되풀이하다가 결국 방문을 잠갔습니다. 그렇게 하면 안아가 아빠를 포기하고 영상을 볼 거로 생각한 것이죠. 정말 좋은 방법이라고 생각했습니다. 잠시 후, 어김없이 안아가 방문을 열고 들어오려고 했습니다. 하지만 잠긴 문은 당연히 열리지 않았죠. 문이 열리지 않자 아빠를 부릅니다.

"아빠! 아빠!"

"응. 아빠 방 안에 있어 조금 있다가 나갈 테니까 보고 싶은 거 보고 있어."

"문 좀 열어줘!"

"잠시만 혼자 있으라니까!"

이제 남은 건 안아의 포기라고 생각했습니다. 하지만 그렇지 않았습니다. 그다음은 아이의 울음소리였습니다.

"엉엉!!"

2. 기다렸던 책임감

우는 소리에도 아랑곳하지 않고 버텼습니다. 하지만 곧, 문을 열 수밖에 없었죠.

"내 예쁜 눈에서 눈물이!"

정확하게 들렸습니다. 그렇습니다. 세상에서 가장 예쁘고 사랑스러운 제 딸의 눈에서 눈물이 흘러내리고 있었습니다. 지금은 혼내면서 자주 보는 눈물이지만 당시에는 행복한 웃음으로만 가득한 안아의 얼굴을 지켜주고 싶었을 때였습니다. 문을 열고 나가서 안아를 안아주었습니다.

"아빠가 미안해! 우리 예쁜 안아 눈에서 눈물이 나게 하다니. 정말 미안해!"

육아하면서 처음으로 미안하다고 말한 날이었습니다. 잠시 안아를 달래주고 같이 놀았습니다. 그때부터였나 봅니다. 낮잠이 없던 안아가 아빠랑 하루 내내 지내는 날에는 잠시 낮잠을 자기 시작한 것이. 아빠를 배려해주는 것처럼 말이죠. 그렇게 12월, 한 달이 지났습니다. 초보 아빠에게는 답답하고 지루하고, 그런 아빠의 딸은 어쩔 수 없이 낮잠을 자야만 했던, 쉽지 않은 동거 기간이 한 해의 저묾과 동시에 종료됐습니다.

아빠의 육아 Talk
"애가 혼자 놀 때나 낮잠 잘 때 하고 싶은 일 하면 되잖아?!"

육아와 다른 일을 병행해서 할 수 있다는 생각은 금물입니다. 제가 처음에 잘 못 생각했던 부분이었습니다. 아이가 좋아하는 것을 하게 해 주면, 일정 시간 제 일을 할 수 있다고 생각했죠. 물론 완전히 틀린 생각은 아닙니다. 다만, 아이가 생각하는 일정 시간과 아빠가 생각하는 일정 시간이 다르다는 게 문제입니다. 돌봄의 시간과 무관하게 보호자는 아이에게만 집중해야 합니다. 그래야만 육아를 하는 사람도 아이도 행복할 수 있습니다. 육아를 하는 사람은 그 시간에 최선을 다하고 보람을 느낄 수 있고, 아이는 그런 양육자의 사랑을 충분히 받을 수 있으니 당연히 만족도가 높을 수밖에 없습니다.

저는 제 시간을 뺏긴다는 생각이 들 때마다 '육아는 가족의 총행복을 크게 한다.'라는 저만의 명제를 떠올리곤 했습니다. '마인드 컨트롤'이라고 생각할 수도 있습니다. 육아와 관련한 다양한 책은 육아의 어려움을 참 많이도 써놓았습니다. 어떤 설문조사에서는 부모를 대상으로 행복 지수를 따져봤습니다. 한 아이만 있을 때 부모의 행복 지수는 아이가 없었을 때와 거의 같았습니다. 그러나 아이가 둘 이상이 되면 행복 지수는 훨씬 낮아졌습니다.

아이의 웃음과 사랑스러움은 순간입니다. 하지만 아이의 용변을 갈아주고, 우는 걸 달래주고, 밤잠을 설치는 것은 일상입니다. 그러니 아이의 웃음만으로 이 모든 것을 상쇄하기는 힘듭니다.

그러다 보면 부모의 행복 지수가 떨어지는 게 당연합니다. 그러나 가족 행복의 총합은 커질 수 있다고 생각합니다.

저는 이런 생각을 했습니다. '내가 지금 아이를 돌보는 것과 혼자 살면서 다른 일을 하는 것 중 어떤 것이 더 의미 있는 일일까?', '내가 결혼해서 이렇게 설거지하는 것과 혼자 살면서 다른 일을 하는 것 중 더 의미 있는 일은 어떤 것일까?'

여기서 생각의 중심은 '저'입니다. 제 입장에서는 조금이라도 불편한 상황이 생기면 행복 지수가 당연히 떨어집니다. 아이를 돌보는 동안에는 개인적인 시간을 포기해야 합니다. 저한테는 잃어버린 시간이라고 할 수 있죠. 하지만 아이한테는 어떨까요? 아빠가 잘 돌봐주면 아이는 평안하고 행복할 것입니다. 그리고 내가 설거지를 하면 아내는 그 부분에 대해서 신경 쓰지 않고 다른 일을 할 수 있을 거예요. - 그리고 대구라는 특정한 지역에서 설거지 등을 담당하는 남편이 있다는 것은 은근히 뿌듯한 일이기도 합니다. 플러스알파 요소가 더해집니다. - 이렇게 따져보면 육아하면서 행복 지수가 줄어든다는 것은 가족 전체와 관련한 것이 아니라 오직 육아를 담당하는 사람의 감정에 충실한 결과라고 할 수 있습니다.

앞서 말한 설문조사가 우리에게 주는 메시지는 육아가 특정인(주로 엄마)에게 집중돼 있다면 굉장히 어려운 시간을 보낼 수밖에 없음을 보여주는 것입니다. 그리고 배우자와 불편한 관계가 될 수도 있고요. 하지만 '공동 육아'가 원활하게 이뤄진다면? 부부 간의 신뢰가 커지고 자녀가 있어서 더 행복한 가정을 이룰 가능성

이 보다 높아지지 않을까요?

첫 아이 어린이집 보내기

그 해 12월은 제 육아 경력 중 가장 힘든 시기였습니다. 정말 소중한 딸이었지만 그 마음만으로는 육아를 잘할 수 없었습니다. 이론으로만 배운 연애가 실전에서 큰 도움이 못 되듯이, 책으로만 경험한 육아는 당장 실전에서 큰 도움이 되지 못했습니다. 어느 정도 실전 육아 경험이 쌓이고 난 후에야 비로소 책 속 이론을 육아에 적용할 수 있었죠. 한 달쯤 지났을 때 아내가 제안했습니다.

"여보, 안아 어린이집에 보내는 게 어때?"

"응?"

베이비시터가 돌봐주셨던 동안에는 한 번도 생각하지 않았던 선택지였습니다. 그래서 아내의 제안을 들었을 때 놀랄 수밖에 없었죠. 원래 보육시설을 선호하지 않았고 최대한 시기를 늦춰서 이용하자는 게 우리 부부의 공통된 마음이었습니다. 그래서 아내의 제안에 더 놀랐고요. 안아와 함께 있는 시간을 힘들어하는 저를 배려한 제안이었습니다.

"여보 혼자서 안아 보는 것도 힘들고. 이모님도 생각보다 치료가 길어지시고."

"그래. 그렇게 하자."

마음이야 "내가 더 잘 돌볼게. 그러니 보내지 말자!"라고 말하고 싶었지만, 현실적으로 안아를 혼자서 계속 육아한다는 게 힘들었습니다. 아침에 눈 뜨는 순간부터 저녁 늦게까지 안아와 함께한다는 것 자체는 두렵지 않았습니다. 하지만 참 지루한 늪에 빠진 기분이었습니다. 아마도 처음 육아를 경험하는 부모라면 제 심정을 이해하리라 생각합니다. 최근에 한 후배가 결혼하고 아이를 낳았습니다. 육아 휴직을 하고 집에서 아이를 돌보는데, 남편이 돌아올 시간이 되면 그렇게 설렌다고 합니다. 저 역시 비슷한 시기가 있었습니다.

비슷한 패턴으로 이뤄진 하루가 일주일이 되고 한 달이 되니, 삶 자체가 매너리즘에 빠져서 굉장히 무기력해졌습니다.

속전속결로 어린이집을 결정했습니다. 어차피 낮잠을 거의 자지 않는 안아였기 때문에 오랜 시간 맡길 이유가 없었죠. 오전 아홉 시에 데려다주고 오후 한 시쯤 데리고 오면 충분했습니다. 그래서 통원 차량을 이용하지 않아도 되는 아파트 단지 내에 있는 어린이집에 보내기로 했습니다.

4살이 되는 1월, 안아는 처음으로 어린이집에 등원했습니다. 처음에는 달라진 환경에 적응하지 못하고 울면서 "집에 갈래!"라고 떼쓰던 아이들도 일정 기간이 지나면 평화롭게 어린이집 차에 올라타서 부모에게 손을 흔듭니다. 그 모습을 보면서 부모는 아이가 적응했다고 좋아하고, 많이 칭찬도 하죠. 그러나 어린이집에서 집으로 돌아오면, 어리광이 더 늘어난 자녀의 모습을 보게 됩니다. 그러면 부모들은 "아니, 어린이집에 보내면 사회성을 배워서 어

리광이 줄어들 줄 알았는데, 왜 우리 애는 어리광이 더 늘어난 거지?"라고 하면서 당황스러워합니다. 하지만 주변의 사랑과 관심을 혼자 독차지하다가 어린이집에 처음 발을 들인 아이들의 입장에서 생각해보면 당연한 일입니다. 우리 아이들이 어린이집에서 받는 관심은 집에서 받는 사랑과 관심에 비교하면 많이 부족합니다. 적절하게 분배된 선생님의 사랑과 관심은 아이에게 충분하지 않습니다. 그리고 이런 안타까운 마음을 전달하기 위해서 선생님께 아무리 몸과 마음, 그리고 행동을 동원해 "더 사랑해주세요!", "나만 예뻐해 주세요!"라고 애원해도 어린이집 선생님은 그렇게 해줄 수가 없습니다. 돌봐야 할 아이가 한둘이 아니니까요.

그러니 집에 오면 덜 받았던 사랑과 관심을 요구하게 되는 것이죠. 우리 둘째의 경우도 어린이집에서는 꼬마 선생님이라는 별명이 붙을 정도로 어른스럽게 행동하는 아이 중 한 명입니다. 하지만 집에만 돌아오면 "업어줘!", "안아줘!"라는 말을 계속했습니다. 이전에는 볼 수 없었던 현상이어서 처음에는 당황스러웠지만 둘째의 상황을 이해한 다음부터는 최대한 업어주고 안아줬습니다. 그랬더니 조금 시간이 지나자 확실히 그 빈도가 줄었습니다. 역시 육아는 공부하고 실천하는 게 답입니다.

아빠의 육아 Talk
"아빠는 교육에 무관심하라고 배웠습니다만…"

아빠들에게 묻습니다. 어린이집 교육비로 얼마를 지출하는지 알고 계시나요? 우리나라 어린이집은 비용을 국가에서 100% 지원합니다.

관련 카드를 하나 만들면 그 카드로 매달 결제할 수 있습니다(어린이집마다 특별 프로그램이 있는데, 이 '특활비'는 별도입니다). 그리고 3세부터 7세까지 어린이집과 유치원에 다닐 수 있는데, 대개 3 - 4세까지는 어린이집에 다니고 5 - 7세까지 유치원에 다닙니다. 단, '영어 유치원'과 같은 기관은 유치원이 아니라 학원 시설로 구분돼 지원받지 못합니다. 하지만 초등학교 입학 전까지 매달 양육수당을 지원받을 수 있습니다.

간혹 어린이집 교사의 아동 폭행 사건과 같은 보도가 나오면 부모의 마음에 큰 걱정 '보따리'가 안겨집니다. 하지만 대체로 선생님들은 아이들에게 친절하고, 정성스럽게 보육하려고 노력합니다. 그리고 어린이집마다 차이는 있을지언정 쾌적한 환경과 적절한 보육 프로그램이 준비되어 있고요. 어린이집을 직접 방문해 원장님과 면담도 하고 시설과 보육 현장을 직접 눈으로 확인한 후 아이에게 적합한 곳을 선택하면 됩니다. 저는 첫째도, 둘째도 어린이집뿐만 아니라 모든 학원에 먼저 방문해서 시설을 점검하고 운영자와 면담했습니다. 아무리 믿을 수 있는 지인이 추천했어도 제 마음에 들지 않으면 일단 선택지에서 배제했습니다. 이후 안아와

주아를 데리고 시설에 방문해서 아이들의 느낌을 물어봅니다. 아무리 평이 좋고, 아빠 마음에 들어도 실제로 다니는 것은 우리 아이니까요. 그렇게 해서 아이들도 긍정적으로 반응하면 새로운 시설이나 기관에 출석하게 됩니다. 그래서일까요? 한 번 다닌 시설이나 기관은 이사하기 전에는 옮기지 않았습니다. 추천은 지인과 다양한 채널을 통해서 받을 수 있습니다. 그러나 선택은 부모와 아이가 해야 합니다. 그리고 아직 어린 아이들을 대신해서 부모는 최대한 좋은 선택이 될 수 있도록 대리인 역할을 철저하게 해야 합니다.

이런 내용은 절대 특별한 내용이 아닙니다. 하지만 이 중에 생소한 이야기가 있다면 육아와 거리를 두고 있는 아빠가 아닌지 스스로 돌아봐야 할 것입니다.

울고, 또 울고

"안아야, 내일부터는 어린이집에 갈 거야! 거기 가면, 선생님도 계시고 친구들도 있어. 그리고 점심 먹고 나면, 아빠나 할머니나, 이모님이 안아를 데리러 갈 거니까 재미있게 놀고 있으면 돼. 알겠지?"
"응. 재미있겠다."

어린이집에 한 번도 간 적 없는 아이들은 새로운 경험에 대한 호기심으로 선뜻 "재미있겠다."라고 대답합니다. 그리고 초보 아빠는 이런 대답을 꼭 어른의 말처럼 여기고요. 어제는 어린이집에 잘 다녀오겠다고 웃으면서 나갔던 아이가, 오늘은 울면서 가지 않겠다고 강력하게 저항하면 당황할 수밖에 없습니다.

어린이집에서 지내는 첫날부터 아이는, 집에서처럼 사랑과 귀여움을 독차지할 수 없음을 알게 됩니다. 너무나 달라진 환경이 두렵기까지 합니다. '혹시, 엄마, 아빠가 데리러 오지 않는 건 아닐까?', '도대체 언제 집에 가지?'처럼 많은 생각이 들 수밖에 없죠.

태어나서 처음으로 집 밖에 나와 적응이라는 것을 해야 하니 얼마나 힘들까요? 남자들이 스무 살을 넘어서 군대에 갈 때도 하염없이 눈물이 납니다. 두렵기도 하고, 정말 도살장에 끌려가는 소 같은 기분으로 입대합니다. 이미 20년 이상, 다양한 경험을 한 성인이지만 새로운 적응은 절대 쉽지 않습니다. 그러니 아이의 어린이집 적응과정은 대단한 일입니다. 아무리 집에서 떼를 써도 격려하고 칭찬해줘야 합니다(말은 쉽지만 참 어려운 일이죠).

안아의 고사리 같은 손을 잡고 어린이집까지 걸어갔습니다. 가는 내내 안아를 안심시키기 위해서 "조금 놀고 있으면 아빠가 갈 거야."라고 몇 번이나 이야기해줬습니다. 그러면서도 동시에 '혹시 어린이집 입구에서 울면서 들어가지 않으면 어쩌지?'라는 걱정도 했고요. 하지만 안아는 아무렇지 않게 신을 벗고 어린이집으로 들어갔습니다. 아빠와 인사까지 하는 여유를 보여주면서요.

"아빠가 이따가 데리러 올게!"

"응. 잘 가!"

　너무 아무렇지 않게 어린이집으로 들어가니 오히려 당황스러웠습니다. 잠시 후 두 가지 마음이 생겼습니다. 하나는 '그래도 다행이다.'라는 생각이었고, 다른 하나는 '내가 내 딸을 잘 돌봤다면? 어린이집에 보낼 필요가 있었을까?'라는 생각이었습니다. 아빠가 돼서 딸을 제대로 돌보지 못한다는 자책감과 미안함의 한숨이 절로 나왔습니다. 그리고 두 눈에서 따뜻한 물줄기가 흐르기 시작했고요. 잠시 후 감정을 추스르고 아내한테 전화했습니다. 어린이집 보내는 첫날과 관련해서 아내와 이야기하고 싶었습니다. 당연히 아내도 전화를 기다리고 있었고요.

　"여보, 안아 보내고 나니까 괜히 마음이 안 좋네."

　"응. 나도 그래. 안아는 잘 갔어?"

　"응."

　이런 마음은 여전합니다. 어린이집이 나빠서가 아닙니다. 아무리 좋은 어린이집이라도 부모와 함께 있는 곳보다 더 좋은 곳이 있을까요? 둘째는 고민 끝에 3살 때부터 어린이집에 보내고 있습니다. 하지만 여전히 보육 기관은 최소한으로 활용하는 게 좋다고 생각합니다. 지극히 개인적인 생각이지만 부모 중 한 명이라도 아이를 돌볼 수 있다면 보육 기관에 위탁하는 것을 조금이라도 늦추는 게 좋다고 생각합니다. 어린아이에게 가장 필요한 것은 부모의 관심과 사랑입니다. 그 이상은 세상에 존재하지 않습니다.

　12시가 좀 지나서 안아를 데리러 갔습니다. 나오는 안아는 크게 "으앙!"하고 울면서 나타났습니다. 아마도 아빠를 보니 더 눈물이 났나 봅니다. 마치 "왜 나를 여기에 놓고 갔어!"라고 말하는 듯했습니다. 그 모습을 보니 아침보다 더 안타까운 마음이 들었습니다. 얼른 신발을 신겨서 나왔습니다. 그리고 안아줬습니다. 그리고 달랬습니다.

"힘들었어?"

"아니!"

안아는 말을 별로 하지 않았습니다. 선생님도 친구들도 장난감도 있었지만 낯선 환경에 적응하는 데에는 시간이 필요했습니다. 다음 날, 안아는 어린이집에 가야 한다는 말만으로도 울기 시작했습니다. "안 갈래!" 그래도 억지로 보냈습니다. 울면서 들어간 안아는 어린이집에서 울면서 나왔습니다. 며칠간 같은 상황이 반복되니, 초보 아빠는 이제 역정을 냈습니다.

"안아야 그렇게 떼쓰면 아빠 혼자 나갈 거야!"

라고 하면서 잠시 나갔다가 들어오기도 했습니다. 어렵게 어린이집에 데려다주고, 끝나면 우는 안아를 데리고 와야 했습니다. 도대체 이런 기간이 언제 끝날지 알 수 없었습니다. 아이가 우는 만큼 아빠의 자괴감도 커졌고요. '내가 돌보면 되는데.' 그런데 이 마음을 실천으로 옮기지는 못했습니다. 자신이 없었습니다. 사랑하는 딸과 하루 내내 같이 지낼 자신이 당시에는 없었습니다.

부모와 자녀와의 신뢰

'시간이 약이다.'라는 말이 있습니다. 정말 그렇습니다. 시간이 지나면 아이들은 그럭저럭 적응합니다. 그러나 잘 적응한 아이의 모습만 봐서는 안 됩니다. 아이들이 알아서 적응한 게 아니니까요. 분명히 과정이 있습니다. 그 과정이 부모와 아이의 신뢰 가운데 이루어졌다면 그나마 괜찮은 적응이라고 할 수 있습니다. 그러나 그 반대라면? 아이는 부모에 대한 배신감을 느낄 수도 있고 혹은 신뢰할 수 없는 대상이라고 생각할 수도 있습니다.

이제는 누구나 알고 있는 '마시멜로 실험'이 있습니다. 한 방에 아이들을 모아 놓고 먹음직스러운 마시멜로를 잘 보이게 둡니다. 그리고 아이들한테 15분 동안 먹지 않으면 한 개를 더 줄 거라고 말합니다. 그러고 나서, 어른은 나갑니다. 15분이 지났습니다. 당연히 마시멜로를 먹은 아이도 있고, 먹지 않고 참아서 보상으로 마시멜로 한 개를 더 받은 아이도 있습니다. 실험 이후 시간이 흘러서 실험에 참여한 아이들이 대학교에 입학할 때쯤 찾아보니 실험 때 잘 참고 보상을 받았던 아이들이 훨씬 좋은 대학에 입학했다는 사실을 발견했습니다. 실험에서 보여주려 했던 것은 성공을 위해서는 '인내력'이 필요하다는 것이었죠.

이 실험은 유명한 만큼 비판도 많고, 여전히 찬반 논쟁 중입니다. 그리고 이 실험의 결과에 큰 영향을 준 것은 마시멜로 실험에 참여한 아이들의 타고난 요인만이 아니었습니다. 잘 참고 견뎠던 아이들은 대체로 부모와의 신뢰가 두터웠다는 게 밝혀졌습니다. 즉, 부모들이 아이들과의 약속을 잘 지켰던 것이죠. 반면, 부모와 신뢰 관계가 좋지 않았던 아이들은 15분 후의 약속을 믿기 어려웠습니다. 그러니 당장 보이는 달콤한 먹거리에 손을 뻗었던 것이죠.

어린이집 적응은 부모와 아이의 신뢰가 중요합니다. 아이들과 손가락 걸고 한 모든 약속을 지킬 수는 없습니다. 하지만 최대한 지켜야 하며 지키지 못했을 때는 어린 자녀일지라도 정중하게 사과해야 합니다. 그리고 그 상황을 이해할 수 있도록 설명해줘야 하고요. 그러나 종종 어른들은 아이들과의 약속은 별거 아니라고 생각하면서 지키지 않을 때도 있습니다. 저는 아내와 한 약속은 지키지 않아도 아이들과의 약속은 꼭 지키려고 노력합니다. 성인은 '부득이한 상황'을 이해할 수 있지만 아이들의 이해력은 그렇지 못하니까요.

2주 정도가 지나니 안아는 울지 않았습니다. 울지 않는 정도가 아니라 알아서 챙기고 나갈 준비까지 했습니다. 대견하기도 했지만, 한 편으로는 '짠'했습니다. 그렇게 가기 싫어했던 어린이집에 자연스럽게 갈 정도로 익숙해진 모습을 보니 칭찬하면서도 마냥 웃을 수만은 없었습니다. 안아가 적응하는 동안 아빠도 대구 생활에 조금씩 익숙해졌습니다. 아침에 눈 뜨면 같이 있는 아내와 안아에 대한 특별한 감정도 어느덧 평범해졌습니다. 매일 설레는 마음으로 살아갈 수 있다면 좋겠지만(?) 그런 마음보다는 '편안'이 더

좋았습니다. 그리고 저의 일과도 규칙적으로 정돈됐고요.

일어나서 아침 9시까지, 안아를 어린이집에 데려다주고 나면 오후 한 시까지는 저만의 시간을 가질 수 있었습니다. 3 - 4시간 정도 됐는데, 주로 책을 읽었습니다. 아르바이트를 하고 대학원에 다니면서 읽을 수 없었던 책을 오랜만에 읽었습니다. 마치 고통스럽게 식단을 조절하면서 대회 준비를 하던 보디빌더가 대회를 마치자마자 달려간 뷔페에서 많은 음식을 먹으면서 느끼는 심정이라고 해야 할까요? 짜릿했습니다. 장르를 가리지 않고 읽다 보니 한 달에 20권 이상 읽을 수 있었습니다.

그렇게 오전 시간을 보내고 나면 다시 안아를 데리러 갔습니다. 대구의 겨울은 춥지 않아서 어른인 저한테는 산책하거나 야외 활동하는 데 좋았지만 네 살 안아한테는 그래도 겨울은 겨울이었습니다. 그러다 보니 우리 부녀는 대부분 시간을 '집콕'할 수밖에 없었습니다. 안아한테 책도 읽어주고, 영상도 보여줬습니다. 다양한 시도를 많이 했지만 잠들기까지의 시간은 길고도 길었습니다. 그나마 저녁 6시 이후에는 외할머니의 도움으로 육아의 지루함으로부터 벗어날 수 있었습니다.

날짜는 달랐지만, 일상은 반복됐습니다. 크게 달라질 게 없었습니다. 아무도 아는 사람 없는 도시에서, 홀로 카페에 앉아 책을 벗 삼아 한 달을 더 보냈습니다. 적응하면서도 매너리즘의 늪에 깊이 빠져들고 있었습니다. 시민 활동도 하고 대학원도 다니던 저에게 안아를 돌보는 두 달은 '내가 도대체 뭐 하는 거지?'라는 회의

감을 품게 했습니다.

part time 육아 아빠

결국, 육아를 위해 대구로 내려왔지만 육아에만 전념한 것은 아니었습니다. 그렇게 할 수도 없었고, 그러고 싶지도 않았습니다. 베이비시터 이모님이 복귀하시면서 오후 시간도 충분히 활용했습니다. 이렇게 말하면, "뭐 별로 한 게 없네?"라고 생각하는 분도 있을 수 있습니다. 그러나 살아오는 동안 육아 경험이 '1'도 없었던 저에게 어린 자녀를 몇 시간 동안 혼자 돌보는 게 과연 쉬운 일이었을까요? 종종 드라마 속 부부싸움 장면에서 남편이 "당신은 집에서 뭐 했는데?"라고 하면 '작가가 육아 경험이 없구먼.'하고 생각합니다. 육아하면서 엄마의 마음, 주부의 마음을 어느 정도 이해할 수 있었습니다.

　　　둘만 있는 시간은 얼마 되지 않았지만 육아에만 쉽게 집중할 수 없는 초보 아빠였습니다. 이런 아빠한테 종일 아이를 맡긴다면? 상상만 해도 끔찍합니다. 부모와 아이 모두 곤욕스러운 시간을 보낼 게 뻔합니다. 그러니 초보 아빠한테는 '부분 육아'가 적절한 해결책이었습니다. 아이를 돌보면서 조금씩 육아와 관련된 책도 읽게 됐고, 차츰 경험도 쌓아갔습니다. 이런 경험들은 둘째를 돌볼 때 큰 도움이 됐습니다. 만약 혼자서 아이를 돌봐야 했다면 저는 또 한 번, 육아 트라우마를 겪었을지도 모릅니다. 숙달되지는 않았

지만, 다양한 육아 스킬을 터득한 덕분에 둘째를 육아할 때는 훨씬 안정적이었습니다. 종종 "애 돌보는 게 체질인가 봐?"라는 칭송을 듣기도 했으니까요. 육아는 역시 실전 경험이 중요합니다.

    힘들면 도움을 요청해야 합니다. 그게 현명합니다. 물론 다들 비장의 카드가 있다고 생각합니다. 저 같은 경우 장기간 집을 비울 때는 어머니께 부탁했습니다. 그리고 하루나 이틀 정도 아이들을 돌보기 힘들 때는 장모님께 부탁드렸고요. 어쩌다 있는 일이어서 흔쾌히 도움을 주셨습니다.

    계획한 것은 아니었지만 저는 '부분 육아'를 통해 조금씩 아빠가 돼 가고 있었습니다. 처음에는 안아와 단둘이 있는 상황이 되면, 저를 포함한 주변 가족들이 모두 불안해했습니다. 그러나 6개월 정도 지나고 나니 가장 믿을 수 있는 양육자로 바뀌어져 있었습니다. 종일 안아와 단둘이 있어도 두렵지 않았습니다. 오히려 둘만의 시간을 알차게 보내기 위해 이런저런 계획을 세우기까지 했습니다. 육아 실력이 일취월장(日就月將)했고, 다른 보호자들 - 엄마, 장모님 - 이 볼 때 청출어람(靑出於藍)한 육아 아빠가 돼 가고 있었습니다.

3.뜻밖의 선물, 전담 육아

아빠의 '자유'는 무지개였습니다

'이제, 나한테도 자유라는 게 생기겠구나!' 첫째가 어느 정도 성장하고, 아내도 대구에서 자리를 잡을 무렵이었습니다. 단, 저만 '플라뇌르(방관자)'로 머물러 있었습니다. 저 역시 어느덧 대구에서의 생활에 그럭저럭 적응했고, 안아 돌보는 일도 안아의 성장과 더불어 훨씬 수월해졌습니다. 아이의 일거수일투족을 따라다니던 시절은 '그림자 육아' 시절이라고 할 수 있습니다. 이때는 부모의 일상생활에 아이를 제외하고는 다른 어떤 일도 있기 어렵습니다. 적어도 어린이집에 잘 적응하고 다닐 때가 돼서야 조금씩 여유가 생깁니다. 저도 아이가 5살이 되어 유치원에 들어가 잘 적응하는 모습을 보니 '그림자 육아'에서 벗어날 수 있다는 기대감이 생겼습니다. 실제로 시간적으로나 심적으로 여유가 생겨 조금씩 제가 할 수 있는 일들을 적극적으로 고민하기도 했고요. '이제, 본격적으로 내 시간이 생긴다. 그러면 뭘 할 수 있을까?'

쉽게 답이 나온 건 아니었습니다. 그러다가 우연한 기회에 대학 선배의 제안으로 책을 쓰게 됐죠. 평소의 생각과 경험, 그리고 당시 트렌드를 고민하면서 책을 쓰기 시작했습니다. 그러나 이런 여유는 곧 사라질 운명이었습니다. 사실, 처음부터 길게 유지될 언어들이 아니었습니다. 곧 '둘째'라는 언어로 대체될 것이었으니까요.

아내는 항상 안아 동생에 대한 바람이 있었습니다. 저는 총

각 때부터 '가족계획은 아내 뜻에 따라야지.'라고 생각했기 때문에 의견 조율이 필요 없었습니다. 하지만 첫째 때와는 상황이 달랐습니다. 둘째가 생기면 제가 키워야 했습니다. 안아가 32개월이 되었을 때 한 달만으로도 벅찼던 그 생활을 다시 시작한다고 생각하니 눈앞이 깜깜했습니다. 안아는 말이라도 통했지 이번엔 신생아입니다.

'이제야, 겨우 자유라는 게 생겼는데, 어떻게 얻은 여유인데.' 그러나 아내의 안아 동생, 둘째에 대한 바람은 저의 '자유', '여유'에 대한 간절함과 비교할 바가 아니었습니다. 아내가 저의 마음을 몰랐다고 생각하지 않습니다. 다만, 그런 남편의 마음을 받아 주기에는 둘째에 대한 절실함이 더 강했습니다. 그런 상황에서 제가 저의 생각과 의지를 적극적으로 드러내는 건 무의미했습니다. 그렇게 둘째가 생겼고 사랑스럽고 고귀한 새 생명 앞에 저의 철없는 투정은 흔적도 없이 사라졌습니다. 그리고 처음부터 모든 걸 새롭게 맞이하기로 마음먹었습니다.

아빠의 육아 Talk
"둘째는 첫째보다 훨씬 편하대~"

주 양육자가 아닌 아빠들은 쉽게 말합니다. 둘째의 등장은 부모에겐 커다란 선물입니다. 하지만 주 양육자 입장에서는 꽤나 버거운 선물일 수도 있습니다. 저의 여섯 살 때 일입니다. 크리스마스이브 밤이었습니다. 어머니께서는 어린 아들에게 산타의 존재를 알려주고 싶으셨는지, 밤에 갑자기 나갔다가 들어오시더니 선물을 주셨습니다. '블록'이었습니다. 당시 저는 로봇을 좋아해서 그렇게 마음에 든 선물이 아니었습니다. 그런데 그 선물은 몇 년이 지나 초등학생이 된 이후에도 저의 최애 장난감으로 장난감 통 속에 있었습니다. 선물이지만, 당장 좋지 않은 선물. 하지만 결국 선물의 가치를 충분히 보여주는 선물. 둘째에 대한 제 마음이었습니다.

엄마가 주 양육자인 가정에서는 새로운 생명이 또 생겼을 때, 그전에 첫째를 잘 돌봐 준 아내에게 감사해하고, "앞으로는 더 많이 도울게!"라는 다짐을 하고, 그 다짐을 지키려고 노력해야 합니다. 엄마 입장에서는 또 길고 긴 여정을 감당해야 하니, 앞으로의 시간이 까마득할 수 있습니다. 처음에는 멋모르고 했다고 하지만 이제 어느 정도 알기에 둘째 육아가 더 부담일 수 있습니다. 이때 배우자의 진심 어린 격려와 감사가 필요합니다.

둘째 맞이를 위한 아빠의 노력

안아가 등장한 지 5년이 지나서 둘째가 우리에게 왔습니다. 첫 아이를 맞이하는 아빠는 '기다렸던 책임감'은 있었지만 '준비된 아빠'는 아니었죠. 그 경험을 거울 삼아 둘째 맞이를 위해서 나름의 준비를 시작했습니다. 일단, 체력적인 부분에서 5년의 세월을 만회하고자 했죠. 그래서 매일 피트니스에 나가서 열심히 운동했습니다. 당시 '스트렝스'라는 운동 방식에 꽂혀 있었는데, 정말 열심히 '철(鐵)'을 들었습니다. 간혹 무리해서 몇 주 동안 누워만 있는 '철' 없는 아빠가 되기도 했지만 총각 때는 잘하지 않던 하체와 등 운동을 열심히 했습니다. 육아를 위해서 필요한 운동이었습니다. 아기를 안을 때 필요한 등 근육과 안고 다닐 때 필요한 하체 근육을 키웠습니다. 그 덕에 둘째를 육아하는 동안 체력이 달린다고 생각해 본 적이 없습니다.

더불어 관련 도서를 읽으면서 학습했습니다. 안아가 성장하면서 육아서에서 교육서로 옮겨가고 있었는데, 다시 육아서를 보기 시작했습니다. 꼭 책만 본 건 아니고 밤에 누워서 아이와 관련한 정보를 찾아보기도 했습니다. 아울러 첫째와 둘째는 다르니 첫째 케이스를 둘째에 적용할 수 없다는 것도 계속 되새겼고요. 이런 노력은 헛되지 않았습니다. 체력적으로 문제없었고, 두 아이의 '다름'을 바로 인정할 수 있었습니다. '뜻밖의 선물'을 받을 준비를 몸과 마음, 그리고 머리로 부지런히 했습니다.

처음부터 둘째의 육아를 제가 '독박'으로 한 건 아니었습니다. 당시 저는 마무리해야 할 원고가 있었습니다. 적어도 3개월 이상 걸릴 작업이었습니다. 시작하지 않았다면 모를까. 출판을 앞두고 있는 시점이었기 때문에 둘째가 등장했어도 계속 글을 써야 했습니다. 아울러 낮에는 안아를 유치원과 학원에 데려다주고 데리고 와야 했기 때문에 다른 사람의 도움 없이는 두 딸을 돌 볼 방법이 없었죠. 그래서 아내와 상의하고 나서 어머니께 부탁드렸습니다.

"어머니, 둘째 좀 한 달 정도 봐주셨으면 해요. 제가 마무리하는 책이 있는데, 이거 출판사에 넘길 때 까지요."

사실 어머니께서도 둘째의 등장을 마냥 기뻐하지는 않으셨습니다. 말버릇처럼

"하나보다는 둘이 낫단다!"

라고 말씀하셨지만, 그 기다림이 5년 정도 지났고, 아들이 둘째 육아를 거의 맡아서 할 것이 불 보듯 뻔한 상황이다 보니, 반갑지만은 않으셨던 것이죠. 하지만 이제 둘째는 현실이 됐고 잘 길러야 하는 손주가 됐습니다.

"그래, 알았다."

어머니께서도 일흔을 바라보는 세월의 자취와 함께 여러 신체적 훈장(통증)을 지니고 계셨습니다. 아울러 육아 경험은 수십 년 지난 상태였고 안아의 신생아 시절 '분유 20ml' 사건도 있었습

니다. 하지만 어머니께서는 아들의 요청을 받고 둘째를 돌보기 위해서 내려오셨습니다.

    길지 않은 기간이었지만 둘째 주아는 어머니를 엄마처럼 생각했습니다. 주 양육자의 보람이라고 할 수 있을까요? 불편한 상황에서는 엄마보다 할머니를 더 찾을 정도였습니다. 후에 알게 된 일이지만, 한 달 정도 주아를 돌보다가 다시 댁으로 돌아가셔서, 후유증으로 굉장히 힘드셨다고 합니다. 그만큼 아기 돌보는 일은 전 세대를 거쳐 쉽지 않은 일입니다.

아빠의 육아 Talk
"둘째니까, 그렇게 많이 준비할 건 없을 것 같아요."

새로운 생명이 또 등장합니다. 주로 기쁨, 행복 등의 표현으로 맞이합니다. 하지만 '준비'라는 언어가 앞의 두 단어 못지않게 중요합니다. 첫째의 등장 때는 '신기함', '낯 섬'이라는 단어가 있었습니다. 하지만 둘째를 맞이할 때는 두 단어 대신 '준비'라는 단어를 마음에 새겼습니다. 그렇게 하지 않았다면 그냥 첫째 육아할 때처럼 무지의 육아 시절이 반복됐겠죠. 그러나 저는 그렇게 어리석지 않았습니다. 육체적으로도 정신적으로도 준비했습니다.

가정마다 상황은 다르겠지만, 첫째 육아 경험을 돌아보면서 각자 할 수 있는 역할을 생각하고 준비하는 게, 결국 육아의 질을 높이고 주 양육자의 스트레스를 덜어주는 방법이라고 생각합니다. 저는 체력을 키우고, 여러 지식을 습득했습니다. 무엇보다도 첫째 때 쏟은 정성 이상을 둘째 때 쏟기 위해서 최선을 다했습니다.

그러기 위해서 '준비'와 함께 '공동 육아'가 반드시 있어야 했습니다. 아내, 어머니, 장모님 등 여러 가족의 도움이 없었다면, 새로운 육아를 감당하기 힘들었다고 생각합니다. 글 쓰는 작업이 마무리되지도 않았는데 혼자서 육아를 했다면? 아마 둘 다 엉망이 됐겠죠. 한 생명이 제대로 성장하기까지는 주변 가족 모두의 관심이 절대적으로 필요합니다.

둘째는 아빠가 다 키웠어요

내가 데리고 잘게

한 달 동안 둘째 주아를 봐주시던 할머니는 이제 돌아가셔야만 했습니다. 마침 어버이날이어서 저희 네 식구는 할머니도 모셔다 드리고 어버이날도 보낼 겸 다 같이 본가로 출발했습니다. 대구에서 파주로 올라오는 차 속에서도 주아는 할머니 품에 꼭 안겨 있었습니다. 어버이 날을 지내는 동안에도 끝까지 할머니 품이 둥지인 냥 떨어질 줄 몰랐습니다.

"이렇게 내 품에 있다가 떨어지면 어찌하누…"

"그러게요. 괜히 어머니가 그리워서 울고 그러면 안

되는데, 참 걱정이에요."

오늘이 마지막 날인 것처럼 할머니 품에 안겨 있던 주아를 아내가 받아서 대구로 출발하는 차에 올랐습니다. 다행히 주아는 울지 않았습니다. 베이비 시트에 앉아서 잠을 자기도 하고 분유도 먹으면서 다시 대구로 내려왔습니다.

어머니께서 계시던 동안 주아는 할머니 품에서 자고 깼습니다. 이제 저나 아내 둘 중 한 명이 그 역할을 해야 했습니다. 사실 제가 하기로 예정돼 있었던 일이긴 했습니다만, 선뜻 "내가 주아 데리고 잘게!"라는 말을 하지 못했습니다. 그래서 며칠 동안 저는 안아를 데리고 자고, 주아는 아내가 데리고 잤습니다. 밤 중 수유부터 기저귀 갈기 등 모두 아내 몫이 됐습니다. 물론 저도 도와줬습니다.

3. 뜻밖의 선물, 전담 육아 119

그렇게 며칠이 지났습니다. 이제 말해야 할 때가 됐습니다. 현실적으로 한계가 보였습니다. 아내가 먼저 요청하지 않은 건 저에게 충분한 시간을 주고 싶었던 것이겠죠. 마음의 준비를 할 시간, 주아를 돌 볼 마음의 준비 말이죠.

"여보, 오늘 밤부터 내가 주아 데리고 잘게!"

"그럴 수 있겠어?"

"응. 그렇게 하는 게 맞잖아?"

아내의 물음은 의례적인 질문이었습니다. 조금 불안감도 있었겠죠. 안아처럼 어느 정도 자라서 의사 표현할 줄 아는 아이는 돌본 경험이 있어도 갓난아이를 돌 본 경험이 거의 없는 남편한테 둘째를 맡겨야 했으니까요. 그러나 방법이 없었습니다. 둘째 계획 때부터 결정돼 있던 일이었습니다. 이제 주아는 할머니 품을 떠나, 엄마 품에 잠시 안겨 있다가 아빠한테 왔습니다. 정말 '찐' 육아 아빠를 잘할 수 있을까요?

두 아이를 같이

안아는 조금 예민한 신생아 시절을 보냈다면, 주아는 너무나 순한 갓난아기였습니다. 그리고 하루 패턴이 일정해서 돌보기 쉬웠고요. 제가 데리고 잔 시점은 밤 수유를 세 번 정도 할 시점이었습니다. 저녁 8시에 먹고 9시 이전에 재우면, 밤 11시 30분에서 자정 즈음에 수유를 하고, 새벽 2-3시 즈음 한 번, 그리고 6시 즈음에 한

번 먹었습니다.

　당시 저는 첫째 안아의 유치원과 학원 스케줄도 관리하고 있어서 오전 9시부터 저녁 6시까지는 베이비시터가 주아를 돌봐주셨습니다. 도저히 두 아이를 혼자 돌 볼 순 없었으니까요. 이렇게 따지면 실제로 주아를 돌 본 시간은 길지 않습니다. 그러나 갓난아기의 돌봄은 밤이 진짜라는 사실을, 육아를 직접 경험한 부모는 알 것입니다. 그리고 저녁 6시부터는 두 아이를 같이 돌봐야 했으니 그리 쉬운 일도 아니었고요.

　다행히 주아는 순했고, 안아는 의사소통이 가능한 수준이어서 혼자서 저녁 시간과 밤, 그리고 안아가 유치원 가는 시간까지 충분히 견딜 수 있었습니다. 대신 밤에 이루지 못한 잠을 보충하기 위해서 오전 시간 대부분은 낮잠을 잤습니다. 그러다가 일어나면 안아와 함께 일정을 소화했고요.

　매일, 매시간이 아이들과 연관된 시간이었습니다. 이 기간 동안 설거지도 참 많이 했습니다. 젖병을 씻고, 소독기에 넣고. 안아 도시락과 수저를 씻고 다시 챙기고. 하루에 설거지를 10번 정도는 한 듯하네요. 설거지를 하면서 종종 '정말, 뭐 하는 거지?'라는 푸념을 했고, 분명 끝이 있다는 건 알고 있었지만 그 끝은 보이지 않았습니다. 입대하자마자 전역날을 생각하는 군인의 심정이었습니다. 그것도 마흔이 넘어서요. 글 쓰는 건 거의 불가능했고, 책 읽기도 쉽지 않았습니다.

　그래도 신기한 건, 둘째를 육아하면서 첫째 때 느끼지 못했던 감정이 생겼습니다. 쉽게 말하면 엄마가 아기한테 느끼는 감정이었을 겁니다. 낳지는 않았지만 계속 안고 있고, 먹이고, 입히고, 재우다 보니 진짜 부모가 된 느낌이었죠. 과거 안아 때 느꼈던 '아빠가 된 느낌'과는 비교할 수 없는 그런 감정이었습니다. 그리고 주아도 아빠가 주로 돌봐 준다는 걸 알았는지 어느 누구보다 아빠를 의지했습니다. 컨디션이 좋지 않을 때, 밤에 깼을 때도 항상 아빠를 찾았습니다. 그럴 때, 육아의 보람을 느끼기도 했고요. 정말로 보람을 느꼈던 기간이었습니다. 당연히 귀찮고, 어려운 시간이었지만 '세상에서 어떤 사람이 나를 이렇게 의지하고, 절실하고 애타게 찾을까?'라는 생각이 들었습니다. 이런 보람조차도 없었다면 더 어려운 시간을 보냈겠죠.

　　밤부터 아침까지는 주아를, 오후부터 그다음 날 아침까지는 두 딸을 돌보는 기간은 2년 정도였습니다. 주아를 어린이집에 보내면서부터 조금 여유가 생겼습니다. 물론 아이들이 성장하면 할수록 육아 부담은 덜했습니다. 대신 시기에 맞는 양육과 교육이 육아의 자리를 대체했고요.

　　이 시절을 잘 보낼 수 있었던 이유는 우선 첫째 때와 달리 '준비된 아빠'였다는 것입니다. 육아를 부수적으로 생각하지 않고 주된 일로 생각한 것이죠. 그러니 다른 일들을 기꺼이 포기할 수 있었습니다. 솔직히 두 아이를 두고 다른 생각을 한다는 건 불가능합니다. 그리고 역시 주변의 도움이 있었기에 그 시절을 잘 보낼 수 있었습니다. 어머니, 장모님의 도움이 있었고 주말에는 아내가

적극적으로 도와주었습니다. 그렇게 온 가족이 조금씩 품앗이해 준 덕분에 주아를 잘 돌볼 수 있었다고 생각합니다.

아빠의 육아 Talk
"아이 키우는 거, 닥치면 다 하더라고요!"

본격적인 둘째 육아를 시작했습니다. 물러설 곳이 없으니 열심히 하려고 했습니다. 그리고 첫째도 잘 봐줘야 했고요. 물론 시행착오도 있었고 특히, 안아한테 섭섭하게 했던 적도 꽤 있습니다. 동생 돌보는 게 최우선이다 보니 주아가 잠잘 시간에 안아가 소란을 피우기라도 하면 크게 역정을 냈습니다. 하지만 전체적으로는 순탄했다고 생각합니다.

     체력적으로 잘 준비된 상태여서 잠이 부족해도 크게 어렵지 않았습니다. 그리고 첫째 때 실수했던 부분을 잘 기억하고 있었고, 꾸준히 육아와 관련한 학습을 해서 주아를 돌볼 때 큰 도움을 받을 수 있었습니다.

     육아는 "그냥 하면 되는 거지 뭐!"가 아닙니다. 잘 준비해야 합니다. 심신의 건강은 물론 기본적인 지식까지 두루 갖추면 조금 더 쉽게 할 수 있습니다.

     육아는 '누가' 하는 게 아니라 '누구나' 적극적으로 참여하는 것입니다. 사랑하는 자녀는 부부 사랑의 결정체이자, 온 가족의 '행복 덩어리'니까요. 좀 더 자주 분유도 타 주고 더 자주 기저귀도 갈아주고, 밤에 깨서 우는 아기도 더 꼭 안아주면, 아이는 그 사람을 진심으로 의지하고 사랑합니다. 엄마만 그럴 의무와 권리가 있는 게 아닙니다. 아빠도 그럴 수 있습니다.

주아를 데리고 자면서

아내는 아침에 출근해야 했고, 안아는 유치원에 가야 했습니다. 일찍 출근하는 아내는 안아와 잤고, 새벽에도 아랑곳하지 않고 분유를 먹어야 하고 기저귀를 갈아줘야 하는 주아는 아빠와 같이 잤습니다. 어린 생명이 편안히 잠을 자기 위해서는 아빠의 세심함이 필요했습니다. 그런 의미에서 저는 꽤나 육아에 적합한 체질이었죠.

갓난아기와 한 침대(혹은 이불)에서 잘 경우, 아빠의 무거운 팔과 다리에 눌리는 아기들이 있다고 합니다. 그러나 저는 그럴 수 있는 체질이 아니었습니다. 안아 때부터 아이들과 같이 자면 아내는 깊은 잠에 빠졌더라도 저는 반쯤 깬 상태였습니다. 그래서 온 데를 돌아다니면서 자는 안아를 피해서 잠을 청했습니다. 주아를 데리고 자면서도 마찬가지였습니다. 코가 자주 막히는 주아의 숨소리를 들어야 했고, 배고프다고 울기 전에 내는 칭얼거리는 소리를 듣고 얼른 분유를 타야 했습니다. 그리고 뒤집기 이후 언니처럼 온 방을 돌아다니면서 자는 주아를 열심히 피하면서 잠을 잤습니다.

주 육아 부모라면 누구나 겪는 경험입니다. 거의 잠을 잘 수 없죠. 그렇게 아침이 밝아도 아이가 옆에 있으니, 역시 잠을 잘 수 없습니다. 도대체 언제 잘 수 있을까요? 그나마 아기가 낮 잠을 자 준다면, 그 시간이 휴식 시간이죠. 만약, 낮잠이 없는 아기라면?

새벽에 주아한테 분유를 먹이고, 다시 재우고 나서 잠시 아주 작은 아기를 쳐다봅니다. 새근새근 잠든 주아가 그렇게 예쁠 수 없습니다. 안아 때와는 다른 느낌이었습니다. 주말 부부로 떨어져 있어서 이 맘 때 안아는 매일 볼 수 없었습니다. 그러니 주아한테 느껴지는 감정은 분명, 새로운 것이었습니다.

'이렇게 한 아기가 커 가는 거구나! 어머니께서 나를 키우실 때, 아내가 안아를 키울 때, 다 비슷한 과정이었겠구나!'

아무리 힘들어도 버틸 수 있게 해 주는 건, 새 생명이 주는 설명하기 힘든 가슴 뭉클한 에너지였습니다. 조용하게 편안히 눈 감고 자는, 주아의 모습만 보고 있어도 행복했습니다. '이대로 밤을 새도 문제없을 것 같다!'라는 생각이 들 정도로 흥분되기도 했고요. 그런 생각을 하다가 깜박 잠이 들면, 금세 분유 먹일 알람 소리가 주아의 입에서 새어 나오고 있었습니다.

육아를 위한 육아 기록 시작!

본격적으로 주아 육아를 시작하면서 갓난아기에 대한 두려움을 없애야만 했습니다. 안아 때 분유도 먹여보고, 기저귀도 갈아보고, 목욕도 시켜봤지만 보조 역할이었습니다. 그러나 이제는 보조가 아니라 누구보다 아기를 잘 돌봐야 하는 주 양육자 역할을 해야 했습니다. 그래서 육아에 대한 '낯 섬'을 빨리 '익숙함'으로 바꿔야만 했죠.

그래서 생각한 방법이 '육아기록'이었습니다. 그러면서 아이의 패턴을 발견하려고 노력했습니다. 하루에 몇 번 먹고, 몇 번 싸고, 몇 번 낮잠 자는 지를 파악하면 훨씬 수월하게 육아할 수 있다고 생각했습니다. 그래서 빈 노트에 매일 주아의 활동을 적었습니다. 그렇게 일주일 정도 적으니, 주아의 하루 패턴이 보였습니다. 그렇게 한 달, 두 달의 시간이 지나니 성장에 따른 패턴의 변화도 보였고요.

패턴이 보이니, 육아 예측이 가능했습니다. 낮잠 재울 때를 알 수 있었고, 먹여야 할 시간도 더 쉽게 알 수 있었습니다. 그리고 주아가 내는 소리에 따라서 배가 고픈 것인지, 기저귀를 갈아야 하는지를 쉽게 판단할 수 있었죠. 주아가 '척'하면 아빠가 '척' 하니, 부녀의 관계는 나날이 편안해졌습니다. 그리고 꾸준히 기록하면서 파악한 패턴을 다른 가족에게 설명해주면 제가 자리를 잠시 비웠을 때 큰 도움이 됐습니다.

물론 대부분 엄마가 아기를 돌볼 때 활용하는 방법입니다. 다만, 저는 주아의 패턴을 면밀히 분석해서 패턴의 변화가 오기까지 적극적으로 간섭했습니다. 굳이 낮잠을 세 번 재울 필요는 없었겠지만, 저는 꼭 세 번 재웠습니다. 패턴을 규칙적으로 적용하니 주아도 규칙적인 생활에 적응했습니다. 그리고 이런 규칙적인 육아는 아빠의 생활에 여유를 주기도 했고요. 낮잠 자는 시간에는 책을 읽기도 하고, 영화도 볼 수 있었으니까요. 아이의 수면 시간은 곧 주 육아 부모의 여유였으니, 당연히 주아의 패턴을 수립하는 데 적극 개입했습니다.

'찐' 육아 시절 : 베이비시터의 공백

2018년에 태어난 우리 둘째 주아는 아빠 품에서 잘 자랐습니다. 철이 바뀌어서 멀리 보이는 산이 나날이 짙은 초록빛으로 물들 때였습니다. 대구의 더위는 '대프리카'라는 말에서도 알 수 있듯 굉장합니다. 오죽하면 길바닥에서 계란 프라이를 할 수 있다고 할까요? 그런데 2018년은 특히 더 더웠습니다. 제 기억으로는 낮에 38도를 넘는 건 기본이었고, 밤에도 29도 아래로 잘 떨어지지 않았습니다. 개인적으로는 열이 많은 체질이어서 에어컨 같은 냉방기를 일찍 사용하고 늦게 정리하는 편인데, 주아의 등장으로 제 체질마저도 강제로 바꿔야 했습니다.

당시 안아는 유치원에 다니고 있었는데 집에서 등원 버스

타는 곳까지 왕복 400미터 정도 됐습니다. 주아는 당연히 아빠 품에 안겨서 언니를 배웅했고요. 봄에는 따뜻해서 문제가 없었는데 본격적으로 여름의 기세가 오르니, 잠시 다녀오는 길이었지만 (주아를 아기 띠에 안고 다녀오니) 땀으로 샤워하는 건 기본이었습니다.

"안아, 등원 버스 태워주고 오면 하루가 다 간 것 같다니까."

종종 주변 지인과 이야기할 때 입버릇처럼 했던 이야기입니다. 그래도 안아가 유치원에 가고, 조금만 더 버티면 베이비시터가 주아를 받아주니 버틸 수 있었습니다.

그러나 이런 더위 속에서 육아하는 아빠한테 '청천벽력' 같은 사건이 생겼습니다. 베이비시터의 갑작스러운 수술로 한 2주 정도 혼자서 두 아이를 돌봐야만 했습니다. 처음에는 2주였지만, 이후 회복기간이 더 늘어나서 한 달 이상이 됐습니다.

베이비시터가 있을 때도 겨우 버티고 있다고 생각했는데, 이제는 그 이상의 힘을 발휘해야 할 상황이 된 것이죠. 물론 다른 여러 가지 방법을 생각할 수 있었습니다. 어머니께 다시 도움을 요청할 수도 있었고, 다른 베이비시터를 구할 수도 있었겠죠. 하지만 초기에 주아를 돌보느라 애쓰신 어머니 카드는 일찍 포기했습니다. 그리고 새로운 베이비시터 구하기도 기간을 고려할 때 적절하지 않았고요. 답은 그냥 제가 잘하는 것이었습니다(이 글을 쓰는 동안에도 그 시절을 생각하니 아찔한 웃음만 나네요).

둘째는 아빠가 다 키웠어요

아내는 최대한 일찍 들어와서 도와주려고 했습니다. 그래서 보통 일찍 들어오면 저녁 8시, 늦으면 9시쯤 들어왔습니다. 그러면 저는 나가서 운동도 하고, 당시 마무리하고 있던 원고를 정리했습니다. 그렇게 저녁 8-9시부터 11-12시까지가 제 시간이었죠. 그리고 돌아와서는 주아 옆에 누웠습니다.

주아를 '그림자 육아'하다 보니 안아에게 문제가 생겼습니다. 아침에 유치원에 보내는 것까지는 가능했지만 기록적인 더위의 여름날 주아를 안고 안아를 데리러 간다는 건 불가능했습니다. 그래서 당시 가까이 사셨던 장모님께서 안아를 데리고 오셨습니다. 종종 아내 친구가 그 일을 대신하기도 했고요.

정말 여러 사람들이 우리 가정을 위해서 애써 주셨습니다. 평소에 주아를 주로 돌봤기에 기술적(?)인 부분에서 베이비시터의 공백은 크지 않았습니다. 낮에 먹이고 재우고, 기저귀 갈아주고, 저녁에 씻기고. 다 할 수 있었으니까요. 힘들지 않았다는 게 아닙니다. 너무 지치고, 스트레스받고, 갑자기 멈춰 서서 절대 흐르지 않는 시간을 경험하기도 했습니다. 하지만 주아가 생활하는 데는 큰 불편함 없이 해줄 수 있었습니다.

더운 여름이었고, '독박 육아' 기간이었지만 주아한테 재미있는 경험을 선물해주고 싶어서 '베이비 풀'도 다녀왔습니다. 집에서 가까운 '베이비 풀'을 검색하고, 육아 용품(기저귀, 목욕용품, 옷 등)을 챙겨서 택시를 탔습니다. 사실 이때 저는 '주아가 물놀이를 하고 나면 피곤해서 더 길게 낮잠을 잘 거야!'라는 기대도 있었

습니다. 그리고 '베이비 풀' 샵에 도착해서 담당 직원한테 물어보니 대체로 그렇다는 설명을 들었고요. 평일이어서 사람은 별로 없었습니다. 주아 말고 한 아기가 더 있었습니다. 다른 점이라면 그 아이는 엄마, 아빠가 있었고, 주아는 아빠만 있었다는 정도.

　　주아는 처음 경험하는 '풀'에서 잘 놀았습니다. 튜브를 타고 물 위를 돌아다니니 신났나 봅니다. 그리고 그 시절에는 조금씩 기어서 이동할 수 있었기 때문에 작은 키즈 카페에서 장난감도 갖고 놀았습니다. 그렇게 2시간을 알차게 보내고 집으로 돌아왔습니다. 곧 깊은 잠에 빠질 거로 예상했던 주아는 첫 물놀이의 감동이 크게 남았는지 평소보다 더 '쌩쌩'하게 하루를 보냈습니다. 반대로 아빠의 작전 실패는 아빠를 평소보다 조금 더 힘들게 했고요.

　　그래도 그때 사진을 보면 저도 너무 즐겁습니다. 이후 주아는 물놀이를 아주 좋아하는 아이로 성장하고 있습니다.

첫 이유식 만들기!

개인적으로 요리를 좋아하는 편이 아닙니다. 간단한 음식을 만들 수는 있지만 자주 만들지 않습니다. 대충 냉장고에 있는 음식을 챙겨 먹는 편입니다. 맛집을 좋아하지만 집에서 그 맛을 흉내 내는 도전은 하지 않습니다. 그래도 아이들을 위해서 간단한 요리는 합니다. 밥만 먹일 수는 없으니까요.

　　베이비시터의 부재 기간은 주아가 한창 이유식을 먹어야 할 때였습니다. 그러니 당연히 아빠도 이유식을 먹여야 했죠. 다행히도 주아는 음식 알레르기가 없어서 다양한 음식을 먹을 수 있었습니다. 그런데 이유식만큼은 아빠도 자신 없는 분야였습니다. 먹여 본 적도 별로 없고, 만들어 본 적은 한 번도 없었으니까요.

한번은 이유식에 닭고기를 넣어야 했습니다. 마침 장바구니 안에 고기가 있었고요. 순 살코기만 있길래 당연히 닭고기인 줄 알고 불린 쌀에다 넣고, 믹서로 갈고 있었습니다.

"혹시, 돼지고기 못 봤어요? 카레에 넣으려고 살코기
산 건데."

가만히 생각하니 방금 전에 간 고기가 돼지고기 같다는 생각이 들었습니다.

"그거, 주아 이유식 만드는 재료라고 생각하고…"

모르니, 실수가 있을 수밖에 없습니다. 결국, 주아는 돼지고기 이유식을 먹었고 나머지 가족은 돼지고기 카레가 아닌, 닭고기 카레를 먹었습니다. 물론 그다음 이유식부터는 닭고기를 넣어서 다시 만들었고요. 이 정도 수준이니, 먹이는 거야 가능했지만 만든다는 건 꿈에서도 상상하지 않은 일이었습니다. 그러나 이제는 상상하지도 않았던 일을 해야 했습니다. 육아를 하다 보면, 기대하지 않았던, 혹은 생각하지 않았던 일들이 종종 발생하기도 합니다. 이런 상황을 쉽게 극복하는 방법은 없습니다. 시행착오를 거치면서 익숙해질 때까지 하는 것이 정답입니다.

이유식을 만들기 시작했습니다. 쌀을 열심히 불리고, 믹서로

갈았습니다. 당연히 여러 재료도 넣었고요. 그렇게 한 번에 갈고, 냄비에 넣고 끓였습니다. 얼마나 끓였는지 물도 꽤 줄고 해서 주아의 그릇에 덜었습니다. 그리고 충분히 식혀서 본격적으로 먹이기 시작했습니다.

"주아야, 아빠가 만든 이유식이야. 특별한 이유식이니까, 많이 먹어야 해! 알았지?"

주아의 표정에 설렘이 가득했습니다. 아빠가 만든 이유식, '한번 맛 좀 볼까?'라고 생각하는 듯했습니다. 그렇게 첫 숟가락을 주아 입에 넣어주었습니다. 그런데 주아가 먹지 않고 뱉습니다.

"좀, 뜨거워? 좀 더 식혀 줄게!"

아이들의 입은 예민하니 뜨거워서 먹기 힘든거로 생각하고 충분히 식혀서 다시 입에 넣어줬습니다. 그런데 역시 먹질 않습니다.

"왜 안 먹어? 배가 안 고파?"

그렇게 여러 번 시도했지만 이제는 아예 고개를 돌려버립니다. '왜 안 먹는 거지?'라는 생각을 하고 직접 제가 먹어 봤습니다. 이유를 알 수 있었습니다. 충분히 익혔다고 생각했지만 거의 생쌀이었습니다. 믹서에 훨씬 더 잘게 갈아야 했는데 그렇지 않았던 것이죠.

"미안해! 아빠가 처음 만든 거라 엉망이 됐네."

그러고 나서, 그날은 이유식을 먹이지 않고 분유를 먹였습니다. 그렇다고 이유식 만들기를 포기할 수도 없었습니다. 누가 도와

줄 상황이 아니니 다른 해결책도 없었고요. 제가 잘하는 방법밖에는 없었습니다.

둘째는 아빠가 다 키웠어요

아빠의 육아 Talk
"집안일하고 애 보는 거야 늘 하는 일 아닌가요?"

일상적인 육아만 있다면 시간이 갈수록 예측 가능한 일이 많아집니다. 주 육아 부모 역할이 수월해지는 순간입니다. 그러나 반대 상황도 있습니다. 아기가 아프거나, 혹은 저처럼 뜻밖의 상황(두 아이를 동시에 돌보는 경우)이 생기는 경우.

　아이 한 명 돌보는 것과, 둘 돌보는 것은 차원이 다릅니다. 물론 그 이상은 더 힘들겠죠. 둘 이상일 경우, 혼자서 자녀를 제대로 육아한다는 건 불가능합니다. 물론 여러 보육시설과 학원에 보낼 수도 있고 여러 업체와 제도들을 활용하면 방법이야 있겠지만, 그런 육아에 '제대로'라는 표현을 붙일 수 있을까요? 특히, 자녀들의 나이 터울이 크지 않다면, '적당한' 육아는 가능하겠지만 주변 도움 없이 아이들을 제대로 키운다는 건 불가능하다고 생각합니다.

　저는 짧은 기간이었지만 두 아이를 혼자서 돌봐야 했습니다. 하지만 큰 딸의 하원은 누군가의 도움을 받았습니다. 결국, 혼자서 아이들을 돌 본 게 아닙니다. 이후 아이들을 먹이고, 입히고, 씻기는 문제도 종종 누군가가 대신해주신다고 하면, 감사히 도움을 받았습니다. 자녀를 키우는 건 절대 혼자서 할 수 없습니다. 과거에는 5남매도 혼자서 키웠다고 말씀하시는 어르신들의 이야기를 들으면 "정말 대단하십니다."라는 눈으로 우러러보긴 합니다. 하지만 한편으로는 그 자녀들이 '얼마나 차별 없이 성장했을까?'라는 의문

3. 뜻밖의 선물, 전담 육아

이 듭니다.

시대가 바뀌었습니다. 그러니 육아의 형태도 많이 달라진 게 당연합니다. 가정 주부 혼자서 돌보는 건 당연히 무리입니다. 배우자, 혹은 주변의 도움이 꼭 필요합니다. 그래야 주 양육자도 더 힘을 내서 자녀들을 돌볼 수 있습니다. 그리고 주 육아를 하지 않는 배우자라면, 육아의 고충을 이해하기 위해서 노력해야 합니다. 마음으로는 공감한다고 하지만 얼마나 힘든지는 경험하지 않으면 알 수 없습니다.

그래서 저는 일주일에 하루 정도는 아빠가 주 양육자가 되어 보는 시간이 있어야 한다고 생각합니다. 한 주간의 고된 경제활동으로 지친 몸이지만 사랑하는 아내에게 자유를 주고, 아이들과 아빠와의 관계를 돈독히 할 수 있는 시간을 일부러 만들어 보자는 것이죠.

첫째는 음식을 쏟고 울고, 둘째는 토하고 울고

2주 후에 오신다던 베이비시터 이모님의 치료에 2주가 더 필요하다는 연락이 왔습니다. 처음에는 "2주만 참자!"였는데, 2주가 더 늘어났습니다. 사실 2주를 버티고 나니 남은 2주는 크게 두렵지 않았습니다. 역시 인간은 경험과 적응의 동물인가 봅니다. 그리고 관성의 법칙을 신뢰하는 동물이기도 하죠. '별일 없겠지?'라는 안일한 생각 말입니다.

심신의 피로는 쌓여갔지만 대체로 평온했습니다. 그러나 가끔 두 딸들의 협공이 있는 날에는 40년 넘게 '산전수전' 다 겪었다고 자부했던 아빠의 머릿속도 백지처럼 하얗게 됐습니다.

주아와 하루 잘 보내고 첫째도 집으로 돌아온 어느 오후였습니다. 주아는 '쭈쭈'를 먹으면 됐지만, 안아는 저녁을 챙겨줘야 했죠. 아무래도 아빠만 있는 상황에서는 인스턴트 식품을 먹는 날이 엄마와 아빠가 같이 있을 때 보다 많습니다. 안아가 좋아하는 라면을 끓여서 먹을 수 있게 준비해주고 주아에게 분유를 먹이고 있었습니다.

"뜨거우니까, 조심해서 잘 먹어!"

물론 여섯 살 안아는 뜨거운 걸 조심할 줄 알았습니다. 하지만 안다고 해서 다 잘할 수 있는 건 아니지요. 그날따라 라면을 먹다가 그릇을 엎었습니다. 눈앞에서 일어난 일인데, 안고 있는 주아가 놀랄까 봐 바로 달려가지 못했습니다.

당황한 안아는 "엉엉!!" 울기 시작합니다. 그런데 갑자기 제 가슴 부근에서 따뜻하고 시큼한 향기를 풍기는 액체가 흐르기 시작합니다. 언니가 울어서 그랬는지, 주아가 이미 먹었던 '쭈쭈'를 확인하는 중이었습니다. 처음에는 조금이었는데, "왈칵!!!"하는 소리와 함께 먹인 것보다 더 많은 양이 제 몸을 타고 바닥으로 흘러내렸습니다. 그리고 동시에 두 아이의 울음소리가 집안 가득 울려 퍼졌고요. 그런데 더 놀라운 사실은 그 울음소리를 아빠는 잘 듣지 못했습니다. 머릿속이 하얗게 질려서 아무 생각이 없었으니까요.

'찐'으로 시간이 정지된 듯했습니다.

'도대체, 뭐지? 이 순간을 어떻게 헤쳐 나가야 하지?' 가끔 마음은 급한데, 몸은 반응하지 않을 때가 있습니다. 뭔가를 해야 하는데, 할 수가 없었습니다. 아니, 처음 겪는 상황이고 전혀 예상하지 못했던 상황이니 잠시 정지 상태로 있었습니다. 오랜 시간은 아니었지만, 시공간이 뒤죽박죽 된 인터스텔라의 한 장면 속에 들어와 있는 듯했습니다.

안아와 단 둘이 처음 있게 된 날, 아빠를 의지하는 안아를 보면서 '나도 아빠구나!'라고 느꼈습니다. 그 후 기저귀 트라우마를 극복하고 '응가'를 처음 치워준 날, '나도 이제 아빠다!'라는 뿌듯한 생각이 들었고요. 이제는 두 아이가 생겼습니다. 특히 둘째는 혼자서도 육아할 수 있을 정도로 발전한 나름 숙달된 '육아 아빠'였습니다. 두 아이는 울고, 음식물과 토사물이 바닥을 덮고 있는 상황이었습니다. 더는 조각상처럼 가만히 있을 수 없었죠. 이때 떠오른 생각이 '나는 아빠다!'였습니다.

아빠는 엄마와 다르지만, 똑같은 역할을 해야 하는 부모입니다. 배고프면 먹이고, 더러우면 씻기고, 졸리면 편안하게 재울 수 있어야 합니다. 새벽에 깨면 엄마처럼 달려가서 아이를 달래서 재우기도 해야 합니다. 그때 떠오른 '아빠'는 이런 아빠였습니다.

'그래, 난 아빠다! 할 일을 하자!' 먼저 우선순위를 생각했습니다. 가장 연약한 주아를 챙기기로 했습니다. 그전에 안아에게 당부를 했습니다.

"안아야, 주아 씻기고 나면 다시 챙겨줄 테니까 울지 말고 있어. 알았지?"

"응!"

아빠가 본격적으로 뭔가를 한다고 생각하니, 어린 안아의 눈에도 믿음직스럽게 보였나 봅니다. 그 신뢰의 눈빛이 아빠에게 더 큰 용기를 줬습니다. 주아를 목욕탕에 데리고 가서 씻겼습니다. 따뜻한 물에 씻기고 기저귀를 채우고 깨끗한 내복으로 갈아 입혔습니다. 그리고 잘 눕혀 놓고 안아가 엎어놓은 음식물과 주아가 뱉어 놓은 토사물을 치웠습니다. 그렇게 한 20분 정도 정리하고 나니, 처음처럼 모든 게 평안해 보였습니다. 그리고 안아한테 다시 저녁을 차려줬습니다.

안아에게 주아를 부탁하고 설거지를 했습니다. 주아는 언니가 옆에 있으면 설거지하는 시간 정도는 얌전하게 잘 놀았습니다. 언제 그랬냐는 듯 다시 평온한 저녁시간으로 돌아왔습니다. 기록적인 더위를 써 내려간 2018년, 아빠 역시 잊을 수 없는 뜨거운 육아 일지를 써 내려가고 있었습니다.

새벽에 깬 아기 달래기

둘째는 제 품에서 가장 오랜 시간을 지냈습니다. 정말 작은 아기를 품에 안고서 보고 있으면 정말 신기했습니다. 그 아기가 저의 품이 아니라 엄마나 다른 양육자의 품에 있었다면, 그 신기함이 덜했겠죠. 첫째가 태어났을 때는 만지는 것조차 겁이 났지만, 둘째는 뽀뽀도 하고 볼도 비비고, 살짝 꼬집어 주기도 했습니다. 하룻밤에도 몇 번씩 깨서 수유를 하고, 달래서 재우는 수고가 있었지만 주아가 주는 행복한 신기함은 육체적 어려움을 충분히 이길 수 있도록 해줬습니다. 물론 준비된 체력도 한계에 도달하면 '신기함'이 '귀찮음'이 될 때도 있었습니다.

아주 작은 아기 때는 한 자리에서 오래 잤지만 조금 크니 온데를 돌아다니면서 잤습니다. 바로 옆에 눕혀 재웠는데, 어느새 방 끝으로 가 있었습니다. 감기에 걸릴까 봐 따라다니면서 이불을 덮어줬습니다. 덕분에 아빠의 잠잘 수 있는 시간은 더 줄었고요. 요즘 세대 부부는 남편도 육아에 열심히 참여한다고 하지만 새벽에 깬 아기 재우기는 여전히 엄마 몫인 듯합니다. 얼마 전에 한 후배와 육아 이야기를 했습니다.

"새벽에 애가 깨면, 제가 가도 소용없더라고요. 엄마가 안아야 편안하게 다시 잠에 드니."

"그 아이를 재우면서 아내는 남편 욕을 그렇게 한 단다."

"아, 그런가요?"

아기는 익숙한 품이 편안할 테니, 주 양육자 품이 최고일 것입니다. 잘 자다가 새벽에 깼다면, 예민하고 불안한 상태이겠죠? 그러니 주 양육자인 엄마 품을 찾는 게 당연합니다. 하지만 아빠가 아이의 예민함과 불안감을 해소해 줄 수 있다면 아빠라고 거부할 이유가 없습니다. 잠시 새벽 상황을 상상해 보겠습니다.

저녁 9시쯤 아기가 잠들었습니다. 하루 동안 여러 일로 지친 부부는 10시쯤 잠자리에 듭니다. 그런데 깊이 잠들었다고 생각한 아기가 꿈틀거리기 시작합니다. 이때 부부 중 예민한 사람은 잠에서 깨, 아기의 소리에 집중합니다. 하지만 아직 아기한테 달려갈 때는 아닙니다. 잠시 후, 아기의 칭얼대는 소리가 들립니다. 그리고 부부는 대체로 앞으로 다가올 사태를 예감합니다. 바로 일어나서 아기를 달래면 좋겠지만 지친 마음과 몸은 '혹시, 그냥 잘지도 몰라!'라는 실현 불가능한 기대에 매달립니다. 그때,

"으앙!!!"

이제 누군가가 달려가야 합니다. 먼저 아내가 말합니다.

"여보가 가봐!"

"응? 내가 가도 소용없는데?"

"찌릿!!"(눈에서 레이저 나오는 소리입니다. 어둠 속에서도 아주 잘 보입니다.)

"진짜로 내가 가도 소용없는데…"

아빠가 먼저 아기를 안고 달랩니다. 이름을 부르면서 달래

주기도 하고, 어설픈 자장가를 불러 주기도 합니다. 하지만 아기는 울음을 그칠 생각을 하지 않습니다. 결국,

"여보! 빨리 와! 더 크게 울어!"

어쩔 수 없이 엄마의 등판 "짜잔~~"소리가 어둠 속에서 들립니다. 평범한 여인인, 아내의 머리 뒤에 이때만큼은 '후광'이 있는 듯합니다. 바로 아기를 넘기고 남편은 멋쩍게 서있다가 소리도 없이 사라집니다. 곧 집 안에는 평안이 찾아옵니다. 아내가 남편 옆에 들어와 등을 돌리고 눕네요.

"거 봐! 내가 재우면 안 된다니까?"

입을 다물라는 무언의 5옥타브 고함이 남편의 입을 막습니다.

우리 부부가 첫째를 키울 때 모습이기도 합니다. '찐 넘사벽' 이었던 새벽에 깬 아기. 그러나 알고 보면 경험이 답이었습니다. 첫째 때도 열심히 노력했지만, 아내의 벽을 넘지 못했습니다. 하지만 둘째는 제가 '넘사벽'이 됐죠. 아빠와 엄마가 둘 다 있어도 혹은 다른 누군가가 있어도 주아는 아빠만 있으면 평안한 미소를 지었습니다.

"주아 아빠는 아기를 참 잘 보는 거 같아요!"

오랜 치료 끝에 다시 돌아온 베이비시터 이모님의 칭찬이었습니다. 여기서 '주아 아빠'는 다른 남자들과 비교한 것입니다. 저에게만 일반 남성들에게 없는 아기 돌보는 유전자가 있는 걸까요?

'똥'치우기

주아는 기저귀를 세 살 때 뗐습니다. 또래에 비해서 굉장히 일찍 기저귀를 뗀 편이죠. 그래서 흔히 말하는 '똥 기저귀' 치우는 일이 많지 않았습니다. 하지만 변기통을 이용한다고 해서 '똥'을 치우지 않는 것은 아닙니다.

몸에 어떤 변화가 있었는지, 주아는 변비가 심했습니다. 심한 경우 일주일에 한 번 정도 '응가'를 했으니까요. '푸른 주스'도 먹여보고, 그 열매도 구해서 먹이고, 한약도 먹이고, 마사지도 해주고 등 온갖 방법을 다 동원해도 변비는 해결되지 않았습니다. 한번은 3일 정도 '응가'를 못하니, 배 속에 가스가 가득 찼는지, 밤 12시쯤 배가 아프다고 해서 응급실에 갔습니다. 결론은 관장을 해서 응가를 잔뜩 빼냈습니다. 이후 주기적으로 관장을 해서 대변을 빼줬습니다. 현재는 많이 좋아졌지만, 그렇다고 해서 매일 응가를 누는 건 아닙니다.

제가 무슨 말을 하려는 지 예측이 되시나요? 어쩌다 응가를 누니, 그 냄새가 굉장합니다. 그리고 변을 치우는 것보다 씻겨주는 게 더 곤욕이었습니다. 씻겨주고 나면 응가 냄새가 손에 가득 물들어 한참을 씻어도 지워지지 않았습니다. 비누질을 몇 번씩 해도 사라지지 않았죠. 어쩔 땐 그 손으로 밥을 먹어야 했으니…

이런 상황에서 둘째의 뒷정리를 해주는 건 아무리 엄마와 아빠라도 기피 사항이었죠. 누가 이런 일을 달갑게 할 수 있을까

3. 뜻밖의 선물, 전담 육아

요? 하지만 그냥 누군가가 더 적극적으로 해주는 게 아이한테도 가정의 평화를 위해서도 좋습니다. 개인적인 생각에는 아빠가 해주는 게 좀 더 유익하다고 생각합니다. 주아는 아빠가 주로 기저귀도 갈아주고, 뒷정리도 아빠가 더 자주 해주다 보니, 아빠가 해줘도 불편해하지 않았습니다. 그래서 어린이집에서 선생님이 기저귀를 갈아주면,

"우리 아빠도 기저귀 정말 잘 갈아줘요!"

라고 하면서 아빠 능력을 자랑했다고 합니다. 그 이야기를 듣고 웃긴 했는데, 기분이 좋아서 웃은 건지, 아니면 아이 생각이 재미있어서 웃은 건지는 잘 기억나지 않습니다. 다만, 담당 선생님도 기저귀 잘 갈아주는 아빠를 칭찬하는 아이는 별로 없다는 의미에서 알려준 거니 기분이 나쁘지는 않았죠. 그만큼 아빠들이 '똥' 치우는 일에 서툴거나, 자주 하지 않는다는 의미로 해석할 수도 있었고요.

아이들이 아무리 사랑스러워도 배설물을 정리하는 건 항상 어렵습니다. 하지만 어쩌겠어요. 깨끗이 치우고 뒷정리도 해줘야 합니다. 그런데 그 역할을 잘하고 잘 못하고 여부는 성별의 차이가 아니라 더 많은 경험의 차이라는 것입니다. 적어도 주아는 아빠가 엄마보다 더 잘한다고 생각했으니까요.

아빠의 육아 Talk
"애 엄마가 없으면 제가 다하죠! 네? 있을땐요?"

재우는 거, 씻겨주는 거 기본 중에 기본입니다. 그런데 이 기본을 해결해 주는 게 왜 그리 귀찮을까요? 특히, 주변에 누가 있으면 '나'는 최대한 안 하려고 합니다. 안아주고, 웃겨주고, 사랑해주고 등은 그렇게 해주고 싶은데, 왜 그렇게 소중한 존재에게 꼭 필요한 일은 하기 싫은 걸까요?

아무리 경험이 쌓여도 새벽에 깬 아이를 재우는 일은 귀찮고 힘듭니다. 아무리 사랑스러워도 아이의 '응가'는 치우기 힘들고요. 손톱에 변이 끼기라도 하면, 꽤 우울합니다. 그러나 어차피 누군가 해야 한다면 저는 아빠가 나서서 하는 게 좋다고 생각합니다. 안아를 키울 때와 주아를 키울 때 상황이 달라서 주아는 아빠가 엄마인 듯(이 말도 성차별인 듯합니다) 돌봤습니다. 더 많이 재웠고, 더 많이 씻겼고, 더 많이 치웠습니다.

그랬더니 적어도 아이 문제로 부부가 다툴 일은 별로 없었습니다. 첫째는 돌보지 못한 만큼 아내의 불만을 들어야 했지만 둘째를 육아할 때는 그런 불만이 없었습니다. 종종 너무 둘째만 위한다고 하면서 불만을 토로하긴 했지만요. 육아에서 엄마와 아빠를 굳이 나눌 필요는 없을 듯합니다. 그냥 평소에 조금 덜 하는 사람이 더 적극적으로 나서고 혹, 체력이 더 좋은 사람이 더 열심히 하면 될 듯합니다.

주아의 첫 해외 여행

2018년 말쯤, 아내는 다니던 회사를 그만두고 창업을 결심했습니다.

"여보, 아무래도 창업을 하면 한동안 시간이 없을 거 같아. 그러니 해외여행 한번 다녀오면 어떨까?"

"응? 그으으래"

마지못해 대답했습니다. 사실 두 아이를 데리고 어딘가를 간다는 게 너무 힘들고 귀찮을 때였습니다. 안아는 제법 성장했지만 여전히 누군가의 돌봄이 필요한 여섯 살이었습니다. 정말로 한창 누군가의 도움이 필요한 나이였죠. 그리고 언제나 아빠 품에 붙어 있는 주아는 만 1세도 되지 않았을 때였습니다.

"그런데 여행지는 어딘데?"

"베트남!"

다시 여름 생각이 났습니다. 2018년 여름은 생각만 해도 진저리가 날 만큼 더웠습니다. 그런데 겨울을 맞이해서 언제나 여름인 나라, 베트남에 가게 되었네요. 더위도 더위지만 아내의 체력이 걱정이었습니다.

"여보가 체력이 안 좋으니까, 주아는 철저히 내가 돌볼게. 대신 안아는 여보가 챙겨주면 좋겠어!"

"응, 나도 그렇게 생각해!"

아빠 든, 엄마 든 아이를 돌보다가 체력이 방전되면 짜증 날

수밖에 없습니다. 육신이 힘들면 곧 마음도 흔들립니다. 마음이 몸을 지배한다는 말도 있지만 적어도 육아만큼은 그렇지 않습니다. 특별한 경우가 아닌 이상, 대체로 아빠가 엄마보다 체력이 좋습니다. 우리 부부도 그랬고요. 그래서 정말 유쾌한 여행을 위해서는 아내의 체력 고갈을 막아야만 했습니다. 이때 가장 중요한 역할은 주아를 돌보는 것이었고요. 그렇게 12월 마지막 주에 베트남 여행을 떠났습니다. 안아는 세 살 때 비행기를 처음 탔는데 많이 무서워했습니다. 그런데 주아는 만 1세도 채 안 된 상태였죠. 당연히 울 거로 생각했는데 울지 않았습니다. 시끄러운 이륙 소리에도 반응하지 않았고 기압차로 귀가 멍해졌을 텐데도 별다른 반응이 없었습니다.

"어? 주아는 별로 반응이 없는데?"

"응, 그렇네."

대신 아빠 품에서 꼼지락댔습니다. 일어나자는 것이었죠. 당시 물건을 집고 서기도 하고 걸을 수도 있었으니 아기 띠 속에만 있는 게 답답했나 봅니다. 그래서 일어났습니다. 총 5시간 정도 비행을 했는데 4시간 넘게 서 있었습니다. 이륙과 착륙을 제외하면 거의 서 있었죠. 그 시간 동안 주아는 잠들었다 깨기를 반복했고요. 어쨌든 주아의 첫 비행은 성공리에 끝났습니다. 단 한 번도 울지 않고 베트남에 잘 도착했으니까요. 주아는 밤에 잘 때는 물론 베트남에서 대부분의 시간 동안 아빠 품에 있었습니다. '그림자 육아'를 베트남에서도 실행한 셈이었죠(며칠 전 당시 사진을 보니 제 얼굴이 하루하루 지날수록 피곤에 찌들어 가고 있었습니다). 아내도 체력을 유지하며 여행 일정과 관련한 부분을 잘 챙겨서 성공적인 가족 여행을 이끌었습니다. 종종 주아를 대신 돌봐 주기도 했고요.

여행 중에는 마사지 코스가 두 번 있었습니다. 개인적으로는 마사지를 굉장히 좋아합니다. 그러니 당연히 기대했던 코스였죠. 그러나 마사지는 아기를 안고서 받을 수 없었습니다. 그렇다고 아내와 교대로 받을 수 있는 상황도 아니었고요. 같은 시간에 남성팀과 여성팀이 별도의 공간에서 마사지를 받아야 했습니다.

"여보, 마사지 받는 동안 주아는 내가 볼게!"

아내가 여행 중 주아에 전념했던 저에게 마사지 이용권을 건네준 셈이었습니다. 이때, 제가 덥석 "응. 그럴게!!"라고 했다면, 이 에피소드는 존재하지 않았겠죠.

"아니야, 내가 주아 옆에 두고 마사지받을 테니, 여보
가 마사지 시원하게 받을 수 있도록 해요."

지금 생각해도 기가 막힌 멘트입니다. 누가 봐도 참 좋은 남편처럼 보입니다. 아내는 마지못해 마사지를 받으러 움직였고, 저도 저의 공간으로 찾아 들어갔습니다.

"주아야, 아빠 마사지받을 동안만 잠시 아기 띠에서
나와있으면 안 될까? 아빠는 어디 가지도 않을 거고,
주아 옆에 있을 거야!"

눈만 초롱초롱하게 깜박이는 주아한테 설명하고, 아기 띠에

서 주아를 내려놓았습니다. 잠시 지켜봤는데 울지도 않고 평소와 다를 바 없이 제 옆에 조용히 있었습니다. 마사지사가 들어올 때까지도 주아는 큰 반응을 보이지 않았습니다. 그런데 마사지를 하기 위해서 칸막이로 사용하고 있었던 커튼을 걷는 순간이었습니다. 어두운 조명 아래 누워 있는 아저씨들과 마사지사들이 한꺼번에 보이자,

"으앙!!!"

여행 동안 한 번도 울지 않았던, 그래서 더 힘이 있었을까요? 주아의 목청에서 오랜만에 나온 단단한 소리가 건물 곳곳을 때리고 다녔습니다. 저는 즉시 마사지를 포기하고 주아를 안고 나왔습니다.

"미안해! 주아야. 아빠 생각이 부족했어."

주아의 울음소리를 들은 아내가 바로 제 앞에 등장해서 주아를 받으려고 합니다.

"여보가 마사지받아. 내가 주아랑 있을게."

앞서서도 양보했으니 이쯤에서 아내의 권유를 받아들여도 나쁜 남편이 되는 건 아닌 듯합니다. 하지만 이왕에 양보한 거 끝까지 양보하는 게 맞다고 생각했습니다.

"주아가 지금 불안한 상태야! 그러니 내가 안고 있는 게 더 나을 거야! 여보가 시원하게 마사지받아요."

결혼한 지 10년이 다 돼 가는데 당시처럼 좋은 남편 멘트를 한 적은 없는 듯합니다. 아내는 다시 마사지를 받으러 들어갔습니

다. 저는 주아를 잘 달래고 로비로 내려가 시원한 망고 주스 한 잔을 마셨습니다. 그리고 한 시간 정도 주아와 둘 만의 시간을 가졌습니다. 주아는 아빠가 옆에 있고, 주변이 조금 더 밝아지니, 금세 안정을 되찾았습니다. 그렇게 첫 번째 마사지 코스가 사라졌습니다. 그리고 마지막 날 다시 똑같은 코스가 있었습니다. 장소도 같았고요. 사실 첫 번째 시도가 실패해서 두 번째도 기대하지 않았습니다. 다만, 주아를 아기 띠에 품고 다리만 마사지받기로 했습니다. 그렇게 마사지 숍으로 입장하는 순간, 여기저기서 박수 소리와 환호성이 들렸습니다. 그리고 갈채의 대상이 저라는 사실을 알고 잠시 당황했습니다. 박수의 이유를 알 수 없었으니까요.

베트남은 사회주의 국가입니다. 사회주의는 모든 사람의 평등을 주장합니다. 특히 경제적 평등을 강조하죠. 적어도 형식적으로는 그렇습니다. 그런데 베트남은 중국의 영향을 많이 받아서 전통적으로 유교사상이 강합니다. 그래서 '남존여비'와 같은 남녀평등을 위배하는 관습이 일상에 뿌리 깊게 뻗어 있었습니다. 그러다 보니, 육아는 전적으로 여성의 몫이었죠. 과거 우리나라와 크게 다르지 않습니다. 베트남이라고 해서 육아의 어려움이 없을까요? 베트남 여성들도 몸과 마음으로 힘들다는 것을 느끼지만 주변에서 도와주는 사람이 없으니 어쩔 수 없이 감당하는 것이죠.

이런 베트남 문화에서 볼 때 아기를 안고 등장한 남성 손님이 특별해 보였던 것입니다. 게다가 아기가 울어서 나갔는데, 아내한테 아기를 넘기지 않고, 오히려 마사지를 권했으니, 이보다 훌륭

한 남자는 '듣보(듣지도 보지도 못한)'였던 것이죠. 왠지 뿌듯했습니다. 그리고 그날 마사지는 목표한 대로 잘 받았고요. 주아도 아빠 품에서 안정을 찾고, 적응하고 나서는 바닥으로 내려가 생소한 환경을 몸소 체험했습니다. 그리고 나서 밤 비행기를 타고 집으로 잘 돌아왔습니다. 4박 6일, 결코 길지 않았지만 잊을 수 없는 여행으로 남아 있네요.

아빠의 육아 Talk
"1박 2일이라도 혼자서 여행 가고 싶어요."

집에선 도무지 자신의 시간을 가질 수 없는 부모들이 자주 하는 말입니다. 아빠나 엄마나 같은 마음일 겁니다. 하지만 저는 둘째를 아기 띠에 안고 여러 날 여행했습니다. 걷고, 타고, 자고, 먹고. 주아는 보호자의 돌봄으로 평안하게 여행을 마쳤습니다. 보통 여행에서 돌아오면 아이들이 아픈 경우가 종종 있는데 주아는 돌아와서도 아프지 않았습니다. 주로 아빠가 돌봤고, 나머지 가족이 보조를 해줬습니다. 아내는 계획한 대로 여행 일정을 진행할 수 있도록 신경 썼고요.

아빠가 육아를 잘하면 가족 여행도 더 수월합니다. 아기가 아빠 품에서 안정을 찾으면 엄마의 수고도 덜 수 있으니까요. 물론 많은 남편이자 아빠인 남성이 최선을 다합니다. 유모차도 밀고, 아기를 안고 다니기도 하고요. 하지만 육아는 평온한 아이만을 안고 다니는 게 다가 아니죠. 울고, 떼쓰고, 잠을 잘 이루지 못하는 아기도 돌보는 것입니다.

4박 6일 동안 낯 선 환경에서 밤잠을 설치는 주아를 달래 재우는 것도 제 몫이었습니다. 호텔 침대는 아빠한테 '그림의 떡'이었죠. 주아랑 같이 거의 바닥에서 잤습니다. 그래도 여행 내내 제 체력에는 큰 무리가 없었습니다. 주아를 돌보기 전부터 체력 관리를 철저히 했으니까요. 역시 육아는 준비한 만큼 잘할 수 있나 봅니다.

아이 간호하기

어린 자녀가 있으면 평소에도 힘들지만 특별히 더 힘들 때가 있습니다. 갑자기 배탈이 났거나, 알레르기 반응이 나타날 때도 그런 경우 중 하나입니다. 그럴 때마다 부모의 몸과 마음은 괜히 급해집니다. 그렇다고 해결되는 것도 없는데 말이죠.

첫째가 다섯 살 때 일입니다. 아침에 일어나더니 눈을 비빕니다. 눈에 특별한 문제가 없어 보여서 눈 비비지 말라고 하고 유치원에 보냈습니다. 유치원에 다녀온 후, 놀이터에서 데리고 노는데 또 여러 번 눈을 만지길래 주의를 주고 집에 들어와서 잘 씻겼습니다. 그다음 날, 새벽에 나가서 운동을 하는데, 아내한테 전화가 왔습니다.

"여보, 안아 눈이 이상해!!"

"응?"

갑자기 어제 눈을 만지던 기억이 났습니다. 바로 집으로 달려갔습니다. 안아를 보니 한쪽 눈에 눈곱이 잔뜩 껴서 떠지지 않을 정도로 부어 있었습니다. 어제 계속 만지던 눈이었습니다.

"미안해!! 안아야, 아빠가 잘못했어."

그러고 나서 울었습니다. '내가 조금만 더 잘 알고, 신경 썼다면 이렇게 되지 않았을 텐데.'라는 자괴감이 몰려왔기 때문입니다. 결국, 안아는 안과에 갔고 간단한 진료 후 약 처방을 받았습니다. 다행히 전염성이 있는 눈병이 아니어서 며칠 쉬고, 다시 유치원에 갈 수 있었습니다.

아이를 키우다 보면 늦은 밤에 응급실에 갈 때도 있고, 갑자기 열이 나서 밤새 미지근한 물로 몸을 닦일 때도 있습니다. 우리 집은 아이가 독감에 걸리면 체력이 가장 좋은 제가 같은 공간에 있으면서 간호합니다. 매시간 열을 체크하고, 일정 수준 이상으로 체온이 오르면 한밤 중이라도 물을 데워서 몸을 닦아줬습니다(미온수로 닦는 게 열을 떨어뜨리는 것과 상관없다는 자료도 있는데, 어쨌든 당장 아이 몸이 식으면, 간호하는 입장에서는 마음이 편해지는 효과가 있습니다). 대체로 5일 이상 간호해야 했죠.

그런데 이제 아이가 둘이 됐습니다. 여섯 살 언니는 어느 정도 성장해서 면역력이 생성됐는지 주아의 등장 이후 크게 아프지 않았습니다. 딱 한 번, 배탈 나서 힘들어한 적이 있었죠. 그것도 하룻밤 새에 다 나았습니다. 대신 주아는 코감기에 자주 걸렸습니다. 아주 작은 아기가 코가 막혀서 힘들어하면 그만큼 심란한 일도 없습니다. '저렇게 코가 막혀서 어떻게 숨을 쉬나?' 라는 걱정이 드니 아이가 잠든 후에도 코 상태를 계속 확인했습니다. 결론적으로 아빠는 잠을 잘 수 없는 거죠. 이런 상태로 거의 한 달을 보내야 했으니까, 주아 코감기만큼 곤욕스러운 게 없었습니다. 아마 다른 가정에서도 저와 비슷한 경험이 있는 부모가 있으리라 생각합니다. 대체로 주 양육자가 간호를 전담하니, 그 피로도가 굉장합니다. 그나마 육아에 적극적으로 참여하는 아빠가 있다면 간호를 교대로 할 수 있겠지만 새벽에 깬 아이도 감당하지 못하는 아빠한테 아이 간

호를 맡길 수 있을까요?

저는 육아를 잘하지 못할 때도 아이들이 전염성 있는 질병 - 독감, 감기 등 - 에 걸리면 제가 간호했습니다. 이유는 아내보다 체력이 절대 우위에 있었기 때문이었죠. 그리고 이런 역할 분담은 저희 가족에겐 좋은 선택이었습니다. 첫째는 거의 매년 독감에 걸렸는데 그때마다 제가 간호했고 신기하게도 저는 독감에 걸리지 않았습니다. 그 기간 동안 저는 안아와 같은 방을 사용하고 아내는 별도 공간에서 지냈습니다. 이런 경험 덕에 주아가 잔병에 걸렸을 때 어렵지 않게 간호할 수 있었습니다. 코감기에 걸리면 코도 빼줬고, 약도 잘 먹여줬습니다. 열이 나면 해열제도 때에 맞춰 먹이고, 몸도 잘 닦아주고. 크게 어려울 게 없었죠. 단, 아이들이 전염성 있는 독감 등에 걸리면 아빠의 생활은 전부 '올 스톱'이 됩니다.

어느 날 첫째 안아의 이마를 만져보니 따뜻합니다. 그래서 열을 쟀더니 38도가 넘네요. 바로 해열제를 먹였더니 떨어집니다. 그래도 한창 독감이 유행할 때라서 병원에 갔습니다. 진단 결과 '독감'입니다. '타미플루' 5일 치를 처방받고 집에 돌아왔습니다. 일시적으로 잡힌 열은 곧 다시 올라서 39도를 넘었습니다. 이제 크게 두 가지에 전념해야 했습니다. 하나는 철저한 격리로 전염을 막는 것입니다. 특히, 주아가 독감에 걸리는 걸 최대한 막아야 했습니다. 다음은 안아를 최대한 평안하게 해줘야 했습니다. 거의 일주일 동안 독립된 공간(그냥 방이죠)에서 지내야 했으니, 얼마나 답답했을까요? 당시 주아는 여전히 아빠의 품이 최고의 공간이었습

3. 뜻밖의 선물, 전담 육아

니다. 그런데 며칠 동안 그 아빠 품이 사라질 상황이었습니다. 아빠는 언니와 같이 있어야 했으니까요.

그해 독감은 유독 심했습니다. 안아는 열감기나 독감에 걸리면 39도를 종종 넘습니다. 그래도 40도를 넘긴 적은 없었는데 기록을 경신했습니다. '40'이라는 숫자를 보고 얼마나 놀랐는지… 그리고 자다가 다리가 저리다고 해서 밤마다 마사지도 해줘야 했습니다. 하루는 지치기도 하고 짜증도 나서 진담 섞인 농담으로 한마디 했습니다.

"안아야, 너 간호하느라 아빠는 잠도 못 자고 있어!! 알기나 해?"

일곱 살 정도 됐으니 아빠의 말을 조금 이해하리라 기대했습니다. 말로는 표현 못해도 표정으로라도 '미안함'이 드러날 줄 알았습니다. 그러나 너무 큰 기대였죠.

"왜 못 자? 내가 잘 때 자면 되잖아?"

더 할 말이 없었습니다. 매시간 열 체크하고, 고열이면 몸 닦이고, 다리가 아프다고 하면 마사지한 아빠는 기억에 없는 듯했습니다. 사실 별로 섭섭하지도 않았습니다. 어린 아이니까요. 그냥 웃어넘겼습니다. 그렇게 한 5일 지나니 떨어지지 않을 것 같았던 열도 잡히고, 다시 유치원에 보낼 수 있었습니다. 한 일주일 미뤄놓은 출장도 다시 계획했고요.

그러나 이번에는 주아에게 독감이 찾아왔습니다. 첫째의 완쾌됨과 동시에 찾아올 아빠의 자유? 아니었습니다. 곧 주아와 함께 격리될 상황이었습니다. 거의 똑같은 과정의 연속이었습니다. 매 시간 체온을 체크하고, 열을 재고, 닦이고… 약을 잘 먹는 주아였지만 타미플루는 입에 썼는지 거부해서 먹이는 게 쉽지 않았습니다. 어쨌든 둘째도 며칠 지나니 열이 잡혔고, 곧 평온하게 일상생활을 할 수 있었습니다. 그렇게 2주 간 두 아이의 독감 간호가 끝났습니다.

아이가 아프면 당연히 부모도 힘듭니다. 그중에서도 주 양육자의 지침은 이루 말할 수 없습니다. 특히, 아내의 접근을 철저히 막고 간호하는 제 입장에서는 종종 '아, 도대체 이 상황은 왜 일어나는 걸까? 난 누구이며, 뭘 하러 태어났고, 어디에 있는 것인가?' 살면서 이런 일을 겪을 거라고는 생각한 적이 단 한 번도 없었습니다. 그러니 결혼, 육아, 더 나아가 인생의 무상함이 한꺼번에 몰려올 때가 있었습니다. 하지만 아이의 열이 떨어지고 회복되기 시작하면 그렇게 기분 좋을 수 없습니다. 그동안 힘들고, 짜증났던 시간들은 모두 사라집니다. 그리고 환하게 웃는 아이들의 모습에 다시 온전한 정신이 돌아옵니다. 충분한 보상을 얻는 것이죠. 이런 보상이 있어서 그렇게 어려운 육아를 다들 초인적으로 하나 봅니다.

우리 두 딸이 건강해져서 장난도 치고 '깔깔' 대는 소리를 들으니, 2주간 지쳤던 몸과 마음에 효과 좋은 '수액'를 맞는 느낌이었습니다. 그래도 아이가 아프다는 것, 생각만 해도 참 싫습니다. 차라리 제가 아픈 게 더 편합니다.

아빠의 육아 Talk
"나는 내일 출근해야 하니까…"

자녀가 아플 때, 부모는 아픈 자녀 이상으로 많은 에너지를 쏟을 수밖에 없습니다. 아이가 아파서 울면, 부모도 같이 울고, 밤잠을 설치면 부모도 같이 잠을 설칩니다. 물론 정상적인 경우라면 아빠, 엄마 모두 힘든 시간을 보내겠죠. 그러나 아빠들이 조금 더 세심하게 배려할 점이 있습니다. 아무리 다음 날 출근을 한다고 하지만 최대한 간호에 동참해 줘야 합니다.

약을 먹이고, 혹은 열을 재는 등의 규칙적인 체크사항은 아빠도 충분히 동참할 수 있습니다. 솔직히, 며칠 지나면 간호하는 주 양육자도 많이 지칩니다. 거의 잠을 못 잤을 테니, 피곤하고, 정서적으로도 불안정해지죠. 그래서 짜증도 늘고요. 저는 다행히도 체력적으로 문제가 없어서 잘 버틸 수 있었지만 만약 아내가 제 역할을 대신했다면 아내 역시 병원 신세를 졌을지도 모릅니다.

엄마라서 간호를 잘하는 게 아닙니다. 아빠라서 잘 못하는 것도 아니고요. 체력이 더 좋은 아빠가 더 잘할 수도 있습니다. 물론 전염성이 없는 응급 상황에서는 아내가 아이들을 챙길 때가 더 많았습니다. 그렇다고 해서 아빠인 제가 가만히 있었던 건 아니고요. 아내가 아이를 안고 있으면, 전 운전했고, 응급실 밖에서 항상 대기했습니다. 가끔 아내가 응급실에 갈 때도, 저는 밖에서 기다렸습니다. 집에 가라고 해도 그렇게 하지 않았습니다. 종종 의료진의 실수로 퇴원 시기를 놓칠 때가 있는데, 저는 그런 상황을 대비해서

항상 대기 상태로 있었습니다.

    부모는 누구나 기본적으로 자녀를 잘 돌보려고 합니다. 간혹, 그렇지 못한 부모로 인해서 사건과 사고가 나지만 일반적으로 부모의 마음은 똑같습니다. 그런데 차이는 '준비됨'과 '공동 육아'입니다. 제가 만약 첫째 때 경험이 없었다면? 그리고 실수와 부족했던 부분을 극복하기 위해서 별도로 학습하지 않았다면? 주아를 돌볼 때도 비슷했겠죠. 분명 새로운 트라우마가 저를 지배했을 것입니다. 다시 생각해도 제가 육아 상황을 피하지 않고 잘 준비해서 주아를 적극적으로 맞이한 것은 참 다행입니다.

안아의 질투

　　　많은 아이가 동생에 대한 바람이 있습니다. 그래서 주로 엄마한테 동생을 낳아 달라고 조릅니다. 안아도 마찬가지였습니다. 최근에는 주아도 동생을 바라네요. 안아가 주아를 낳아 달라고 졸라 댔던 이야기를 그대로 하면서요.

　　"엄마, 나도 동생 나아주면 안 돼?"
　　"응? 동생?"
　　"응. 동생 생기면 정말 좋을 거 같아!!"
　　"동생 생기면 잘해줄 수 있어?"
　　"응. 내가 갖고 있는 장난감도 다 줄 수 있어!!"

　　이렇게 몇 년을 졸라서 맞이한 동생이었습니다. 처음에는 아무것도 못하고 누워있는 동생을 보니 신기하기도 하고, 귀엽기도 하고 좋았나 봅니다. 조심스레 다가와서 안아 주기도 하고, 뽀뽀도 해줍니다. 그 모습을 본 우리 부부도 대견스러워서 '찐' 엄마, 아빠 미소를 짓고 있었습니다.

　　그러나 어느 순간 이상함을 감지했나 봅니다. 항상 자신이 있었던 엄마, 아빠 품에 동생이 있었고, 모든 어른이 동생한테 많은 관심을 보여주니까요. 게다가 안아를 주로 돌봐 줬던 베이비시터도 주아를 전적으로 돌보기 시작했습니다. 안아의 마음속을 다 알 수는 없지만 '어? 동생이 생기니까 엄마, 아빠도 그렇고 다른 사람도 나를 사랑하지 않는 건가?' 라고 생각했던 것 같습니다. 어느

순간부터 안아의 짜증과 투정이 잦아졌습니다. 평소에 하지 않던 행동을 하니, 당시에 제가 주로 안아를 담당했는데, 꽤 당황스러웠습니다. 한 번은 엄마 옆에 있는 주아를 발로 차기까지 했고요. 당연히 아내는 크게 혼냈고, 안아는 서럽게 울었습니다. 엄마와 아빠의 사랑과 관심도 뺏기고 혼까지 난다고 생각하니, 여섯 살 꼬마의 눈에서는 끝없는 눈물이 펑펑 솟구칠 수밖에요. 당시에 안아는 혼날 때마다

"아빠, 나를 사랑하지 않는 건 아니지?"

라고 하면서 사랑을 확인했습니다. 그 말을 들을 때마다 동생의 등장에 많은 스트레스를 받는 안아가 안쓰러웠습니다. 그러면 혼내던 걸 중단하고

"당연히 안아를 사랑하지. 안아를 제일 사랑해!!"
"그런데 내 눈에는 주아만 사랑하는 것처럼 보여요!"
"절대 그렇지 않아! 그러니 걱정 안 해도 돼!"

그렇게 원하던 동생의 등장이 안아의 마음을 힘들게 했습니다. 우리 부부는 안아의 이야기를 들어주고 지지해 주면서 주아의 상황도 설명해줬습니다.

"주아는 엄마, 아빠의 도움이 없으면 아무것도 할 수 없어. 그래서 엄마, 아빠가 주아를 더 많이 돌볼 수밖에 없단다. 안아가 어렸을 때도 이렇게 했고. 하지만 그렇다고 해서 엄마, 아빠가 안아를 사랑하지 않는 게 아니야. 전 보다 더 많이, 세상 제일 사랑해."

여섯 살 꼬마가 얼마나 이해했을까요? 아무튼 효과는 있었습니다. 물론 안아도 전 보다 더 많이 안아줬고, 더 자주 사랑한다고 말해줬습니다. 종종 "말을 꼭 해야 아나?"라고 이야기하는 사람이 있습니다. 그 질문의 답은 "네! 꼭 말로 해야만 합니다!"입니다.

저도 감정 표현을 잘 안 하고 산 남자였습니다. 하지만 세월이 흘러서 애인이 생기고, 결혼을 하고, 아이가 생기니, 그렇게 낯선 언어 '사랑'을 입에 달고 삽니다. 물론 이 말이 점점 줄어들고 있습니다. 결혼 생활이 오래되고 아이가 성장하면서 말이죠. 그러나 이런 현상을 당연하다고 생각하지 않습니다. 그리고 표현하지 않아도 아내와 아이들이 알아줄 거로 절대로 생각하지 않습니다. 그래서 조금 더 자주 표현하도록 노력하고 있습니다.

아무튼 안아한테도 주아만큼 관심을 보여주려고 노력했습니다. 그래도 혼자 독차지하던 사랑이 동생한테 나눠지는 느낌, 혹은 동생을 더 사랑하는 느낌이 완전히 사라지기까지는 시간이 꽤 걸렸습니다. 하지만 점차 동생 사랑하는 마음을 행동으로 표현했고, 애정 표현은 정말 언니답게 잘했습니다. 아빠가 화장실에 있거나, 설거지 등을 할 때 언니의 존재는 아빠 맘을 편안하게 해 줬습니다. 적어도 주아가 울지 않았으니까요. 어느덧 주아는 언니가 없으면 오매불망 언니를 기다렸고, 누구보다 반갑게 맞아 주었습니다.

<u>동생을 안고 걷는 언니, 언니를 달래주는 동생</u>

엄마와 아빠 마음을 어느 정도 이해하고 난 후부터 안아의 질투심은 아침 안개처럼 사라졌습니다. 그리고 한 가지 이유가 더 있었는데 바로 주아의 반응이었습니다. 주아는 제대로 말을 하지 못할 때도

"은니! 은니!"

라고 하면서 집으로 들어오는 언니를 정말 격하게 반겨 주었습니다. 어느 순간부터 아빠는 언니한테 밀렸죠. 잘 때는 여전히 아빠 품으로 들어오지만 눈을 뜨고 있는 순간에는 언니가 최고였습니다. 이런 동생을 어떤 언니가 외면할 수 있을까요? 안아도 주아를 예뻐했습니다. 그리고 뭐든 주아를 배려해주려고 했습니다. 하루는 안아가 유치원에 가는데 주아도 따라나선다고 했습니다. 겨우 걸음마를 할 때니 어른이 안고 가야 했죠. 그런데 갓난아기 때는 아기 띠를 사용했지만 좀 크니 그럴 수 없었죠. 순전히 몸의 힘으로 주아를 안고 다녀야 했습니다. 그러다 보니 웬만하면 안아가 등원할 때는 안아만 데리고 다녔습니다. 그런데 그날은 주아가 너무 가고 싶어 해서 어쩔 수 없이 데리고 나왔는데, 역시 안아달라고 몸짓을 하면서 말을 합니다.

"안아! 안아!"

"안 돼! 아빠도 힘들어. 그래서 집에서 이모님(베이비시터)과 놀고 있으라고 했잖아?"

"안아! 안아!"

당연한 말이지만 이 상황에서 주아가 아빠의 말을 이해하고 들어줄 거로 생각하지는 않았습니다. 그냥 아빠의 짓궂은 장난이었죠. 그때였습니다.

"그럼, 내가 안아 줄게!"

이렇게 말하면서 안아가 주아를 안았습니다. 정확하게는 들었습니다. 일곱 살 어린이가 두 살 아기를 안으니, 안는다는 표현보다 든다는 표현이 더 정확합니다. 다리만 바닥 위로 동동 떠 있을 뿐이었습니다. 그렇게 힘겹게 안고서 몇 걸음 걸어갑니다. 안아가 주아를 안고 걷는 모습을 보니 웃기면서도 뭉클했습니다.

그리고 언니의 동생 사랑만큼이나 뭉클한 동생의 언니 사랑 이야기도 있습니다. 대개는 언니가 동생의 눈물을 닦아주는 게 어울릴 텐데 그렇지 않을 때도 있었습니다. 가끔 주아가 울거나 힘들어하면,

"주아야, 아빠도 있고 엄마도 있어! 그러니 걱정 말아!"

라고 말하면서 달래 줬습니다. 그러면 신기하게도 주아가 눈물을 그치고 빨리 안정을 찾았습니다. 그리고 이럴 때마다 안아도 한 마디씩 거들었는데,

"언니도 있어!"

라고 말했습니다. 당시 아빠 입장에서 안아의 말은 큰 의미가 없었습니다. 동생을 충분히 돌 볼 수 있는 능력이 없었으니까

요. 그런데 시간이 지나서 생각해 보니 주아 입장에서는 언니의 말이 큰 위로와 격려가 될 수도 있었을 것 같습니다. 세상에서 가장 사랑하는 언니의 확신에 찬 "언니도 있어!"라는 말은 분명 큰 힘이 됐을 것입니다.

그러던 어느 날 안아가 아빠한테 꾸중을 듣고 울게 됐습니다.

"엉엉!"

울면서 책상으로 가는데 주아가 따라가더니 언니 눈에서 흐르는 눈물을 손으로 닦아줍니다.

"은니, 우지마!"

그러면서 같이 우네요. 안아도 울고, 주아도 울고. 혼낸 아빠가 어떤 말을 할 수 있을까요? 어린 아기도 우는 건 좋지 않은 일이라는 걸 알았던 것이죠. 그렇게 눈물을 닦아주더니 언니를 안아주네요. 꼭 "언니도 있어!"라는 말에 "언니, 나도 있어!" 라고 하면서 대답하는 듯했습니다. 이후에 주아는 언니 눈물만 보면 닦아줬습니다. 한번은 안아가 세수를 하고 공부하려고 책상에 앉았는데 차마 다 닦지 못한 물기가 있었나 봅니다. 얼굴에 묻은 물기를 본 주아는 '이건 당연히 눈물이다.'라고 생각했는지,

"은니, 우지마!"

라고 하면서 눈을 닦아줍니다. 그 장면을 봤던 저는 '빵' 터졌고, 안아도 "응? 이거 물인데."라고 말했습니다. 이후에도 주아는 언니를 위해서 눈물을 닦아줬고 언니가 혼날 거 같으면, 나서서

"아빠, 언니 혼내지 마세요!"라고 직접 말하기도 했습니다. 이런 모습은 성장하면서 많이 줄어들었지만, 여전히 언니를 위해서 아빠에게 조용히 말합니다.

"아빠, 언니 너무 큰 소리로 혼내지 마세요!"

물론 안아도 주아가 혼날 짓을 해서 꾸중을 듣게 되면,

"차라리 절 혼내세요. 주아는 어려서 잘 모르잖아요!"

라고 하면서 주아 앞에 섭니다. 이러면 주아를 꾸중하기 힘듭니다. 물론 훈육은 해야 하니 원래 하려고 했던 강도보다 훨씬 약하게 훈육하게 됩니다. 그리고 두 자매가 서로 아끼는 모습을 보면 그것만큼 뿌듯하고, 흐뭇하고, 행복할 때가 없습니다.

아빠의 육아 Talk
"첫째들은 다 겪는 일이잖아요. 자기가 감당해야죠!"

둘째가 생기면, 당연히 첫째가 힘들어합니다. 아무리 원한 동생이었더라도 질투심이 생길 수밖에 없습니다. 첫째한테는 매우 민감한 시절이기 때문에 각별히 더 신경을 써줘야 합니다.

저희 부부는 어쩔 수 없이 주아를 더 많이 안아주고, 관심을 둬야 하는 상황에서 최대한 안아와 함께 그 순간을 같이 하려고 했습니다. 그래서 안아도 주아를 자주 안아줬고, 더 많은 스킨십을 했습니다. 아주 작은 아기, 동생을 본인이 안아보고 만져보니, 얼마나 작고 약한 지, 그래서 다른 사람의 도움이 필요한 지를 조금 더 빨리 깨닫는 듯했습니다. 이후 동생을 대신해서 벌을 받겠다고 할 정도로 안아는 동생을 소중하게 생각했습니다.

안아는 종종 사랑을 확인했습니다. 그때마다 우리 부부는 "안아를 세상에서 제일 사랑한단다!"라고 확실하게 말해줬습니다. 그러면서 갑자기 어려진(?) 안아를 아기처럼 대해줬고요. 그래서였는지 안아의 동생 질투 시기는 길지 않았습니다. 그렇다고 완전히 사라진 것도 아닙니다.

솔직히 주아를 안고 있다가 안아를 안게 되면 속된 말로 너무 큰 아이 같아서 '징그러워!'라는 마음이 들 때도 있었습니다. 사과를 만지고 있다가 수박을 들게 되는 느낌이었으니까요. 하지만 6-7세 어린이는 여전히 어렸습니다. 그리고 주아가 등장하기 전까지 안아는 주아만큼 어리게 느껴졌고요. 물리적 체감은 어쩔 수 없었지만 심적 체감은 마음먹기에 따라서 극복할 수 있었습니다.

    초등학생이 된 안아를 업고 다닐 일은 거의 없지만 가끔 주아를 업어주거나 안아주는 것을 보면 안아도 업히고 싶을 때가 있나 봅니다. 그러면 등을 보여주면서 "업혀!"라고 말합니다. 그러면 얼른 등에 올라탑니다. 그렇게 업고 잠시 뛰어다니면, 참 좋아합니다. 동생과 비교할 때, 상대적 나이도 많고 신체도 크지만, 절대적 나이와 마음은 아직 어립니다. 그런데 그보다 더 어린 아기가 있으니 절대적 기준으로 보기 힘드네요. 그러니 애써서 인식해서 봐야 하겠죠.

자유대신 얻은 행복

바로 눈앞에 보였던 아빠의 자유가 사라졌습니다. 스스로 포기한 자유가 아니라, 반강제적으로 포기했습니다. 개인적으로는 둘째를 절실히 원하지 않았으니까요. 하지만 어차피 결정한 일이었으니 적극적으로 대응하자고 마음먹었습니다. 인생을 살면서 어떤 사람을 이렇게 헌신적으로 사랑할 수 있을까요? 아내한테도 못했고, 안아한테도 하지 못했습니다. 그래서 미안한 마음이 있습니다. 대신 주아한테만큼은 이런 마음이 남지 않게 최선을 다하려고 했습니다. 이제 어린이집에 다니고 있고 다섯 살이 된 주아한테 이런 아빠의 노력의 흔적이 얼마나 남아있을지 모르겠습니다. 요즘에는 엄마를 더 좋아하네요. 하지만 별로 섭섭하지 않습니다. 덕분에 안

아와 주아 둘 다를 동시에 볼 수 있게 됐습니다. 두 아이의 양육자로써 균형을 찾은 것이죠.

저는 조금은 특이한 인생을 살고 있는데, 특히 육아와 관련해서는 좀 더 특별한 남자의 길을 걷고 있습니다. '특이한'이 아니라 '특별한'입니다. 대한민국 남성 중 자녀의 어린 시절 동안 이렇게 많은 시간을 함께 보낼 수 있는 아빠가 얼마나 될까요? 그런 의미에서 저는 '특혜'를 받았다고 생각합니다. 물론 거저 주는 특혜는 아닙니다. 그만큼 노력해야 하고 시간이 소요됩니다. 한 인간으로서 제 개인의 여유, 행복추구권 등이 줄어듭니다. 하지만 아이들이 무탈하게 성장하는 모습을 보면 충분히 감내할 수 있는 수준입니다. 그리고 어느 순간 아이들은 아빠의 아쉬움을 뒤로 하고 각자, 스스로의 길을 가겠지요.

육아라는 것, 부모라고 해서 당연히, 쉽게 할 수 있는 일이 아닙니다. 모든 부모가 알겠지만 상상 그 이상의 일이 발생하기도 합니다. 특히, 한 자녀에서 다자녀가 되면 단순히 '곱'으로 힘들어지는 게 아니라, '제곱' 수준으로 힘들 때도 있습니다. 그러다 보면 주 양육자는 지치고 아이들을 위한 육아나 양육의 질 또한 떨어질 수밖에 없습니다. 이때, 필요한 게 자녀 계획에 따른 양육자의 '준비'이고, '공동 육아'의 실천입니다. 특히, 여전히 가부장적인 사회구조에서 크게 벗어나지 못하고 있는 우리 사회에서 '아빠 준비'는 정말 중요 합니다.

지금은 가정에서의 여성권위 신장이 어느 때보다 두드러진 시대라고 합니다. 제 또래 남성의 관점으로 언뜻 보면 그렇게 보입니다. 그러나 여전히 가정폭력이 존재하고, 육아, 양육, 교육, 가사 등 대부분 일은 여성의 몫입니다. 가정 폭력의 가해자가 남성일 수도 있고 여성일 수도 있지만 비율로 보면 남편과 아빠의 폭력이 아내, 엄마의 것과 비교했을 때 훨씬 높습니다. 이런 불합리한 가정 내에서의 구조를 바꾸기 위해서는 사회적인 제도의 변화도 필요하지만 기존 남성들의 인식 변화가 더 중요합니다. 제도만으로 남녀평등을 구현하는 건 어렵습니다. 그 제도를 이용하는 사람들의 인식이 더 중요하죠. 그리고 그 시작점은 가정이 되어야 합니다.

　　몸소 경험하지 않으면 가사의 어려움을 잘 모릅니다. 물론 어쩌다 하는 분리수거, 설거지, 육아 등도 좋은 일입니다. 하지만 그 일을 하면서 '난 그래도 가정적인 남자야!'라고 생각한다면? 저는 그 사람이 '난 가부장적인 사람이야!'라고 선언한 것과 마찬가지라고 생각합니다. 과거 한 특강을 들은 적 있는데 강사님이 자신의 며느리한테 고맙다는 말을 들었다고 합니다.

　　"아버님, 그래도 아범 교육 잘 시키셨어요!"
　　"그래? 어떤 부분이 그러냐?"
　　"밥 먹고 나면 그릇을 설거지 통에 가져다 놓잖아요!"

　　강사 분 연세를 고려했을 때 자제분의 나이는 저랑 비슷할 것 같았습니다. 저는 그 며느리가 모든 걸 포기하고 장점 하나를 찾아내 이야기했거나 자조적으로 한 이야기라고 생각합니다. 아들이 그 정도밖에 못했는데도 며느리한테 칭찬받는 남자로 키우셨

다면 교육을 잘 못하신 거죠. 제가 파격적인 이야기를 하는 것처럼 느껴지시나요? 저는 그분께도 이렇게 이야기하겠습니다.

"죄송하지만, 님은 아직 생각이 가부장적이십니다!"

아빠가 자녀를 사랑하는 마음이 엄마와 다를까요? 다릅니다. 색깔, 즉 사랑하는 방법이 다를 수는 있습니다. 그러나 사랑의 깊이도 다를까요? 저는 첫째 때는 그 깊이도 다르다고 생각했습니다. 엄마 배 속 10개월은 넘지 못할 산이라고 생각했으니까요. 하지만 둘째를 전담 육아하고부터는 그렇게 생각하지 않습니다. 넘지 못할 산은 없습니다. 단, 아빠가 넘으려 하지 않는 산이 있을 뿐이죠. 엄마도 처음부터 산 정상에 있는 게 아닙니다. 아래에서 똑같이 출발했는데, 아빠보다 약간 유리한 조건에서 시작한 것뿐이죠. '아빠의 육아 Talk'에서 언급되었던 흔히들 말하는 아빠의 육아, 엄마의 육아에 대한 말들은 생물학적 차이보다는 사회적 관습이 규정한 기준에서 서술되고 있다고 생각합니다. 그리고 이런 기준을 치워버릴 때, 아빠 준비가 더 잘 될 수 있고 '공동 육아'로 가정의 행복이 커지고 양육의 질도 향상된다고 믿습니다.

이제 안아는 열 살, 주아는 다섯 살이 되었습니다. 여전히 챙겨야 할 게 많습니다. 특히, 주아는 더 많습니다. 그래도 작년보다 올해가 나아졌고, 내년은 더 나아질 거로 생각합니다. 그러면 아빠한테도 자유가 생기겠죠? 아무 때, 아무 데나 갈 수 있는 자유 말이죠. 이 글은 사적으로는 저의 '자유 갈망'에 대한 글이면서 사회적으로는 아이들이 빨리 잘 크기 위해서는 아빠의 역할이 중요하니 아빠들이 적극적으로 육아에 동참해 달라는 외침의 글입니다. 육아는 어렵습니다. 그러나 함께하면 어려움을 덜 수 있습니다. 누군가의 배려가 다른 사람의 여유와 행복이 됩니다. 혼자서 할 수 있는 임계치가 분명 존재합니다. 임계치를 넘으면 가정의 행복도 육아의 질도 보장할 수 없습니다.

며칠 전 겨울방학을 맞아 가족 나들이를 갔습니다. 가까운 놀이공원에 갔고 아이들과 눈썰매를 탔습니다. 첫째는 혼자서 탈 수 있었지만, 둘째는 제가 안고 타야 했습니다. 다른 아이들도 대체로 아빠와 함께 탔습니다. 종종 엄마랑 타는 아이들도 있었는데 확실히 적었습니다. 참 신기하죠? 아이들은 남녀를 구분하지 않고 즐기는데 어른들의 역할은 분명 다르니까요. 대부분 아빠는 오랜만에 아이와 놀아 주기 위해서 열심히 눈밭에서 뒹굴었습니다. 저도 '정말 오랜만에 야외에 나왔으니 열심히 놀아줘야겠다!'라고 생각하며 몸을 사리지 않았고요. 그런데 굳이 다른 아빠들과 차이를 두자면, 저는 나들이 계획 자체를 제가 수립했습니다. 방학 전에 아이들의 '위시리스트'를 확인하고 저와 아내, 아이 두 명의 스케줄을 종합적으로 고려해서 계획을 짰습니다. 아이들과 함께할 겨울방학 계획 중 하나를 실천한 것이죠. 앞으로 더 많은 계획이 남아 있습니다. 역시 '준비된' 아빠가 되고 '공동 육아'가 이뤄져야 가족 내의 행복이 커지고, 아이들을 위한 양육의 질도 향상될 수 있습니다. 여전히 아이들은 성장 일로에 놓여 있습니다. 아빠도 더 성숙할 거고요. 아이들의 늘어나는 신체만큼 아빠의 몸에는 성숙의 주

름이 늘어나겠죠? 이 주름들이 나중에 아이들이 감사해할 훈장이 됐으면 하는 바람을 담아 봅니다.

4. 함께 걷는 육아
-공동 육아와 훈육, 학습에 대하여

엄마, 아빠가 함께 걷는 육아

프롤로그에서 흔히들 말하는 '헬리콥터 맘'에 반대되는 말로 '함께 걷는 부모'라는 단어를 사용했습니다. 제가 생각하는 이상적인 육아인 '함께 걷는 육아'는 엄마와 아빠가(그리고 가족이) 함께 하는 육아에서부터 출발합니다.

예일대 로스쿨 교수 에이미 추아는 『타이거 마더』라는 책에서 두 자녀의 다름을 보여주었습니다. 비교적 순종적이고 성실한 첫째와 비교할 때, 독립적이고 반항적인 둘째를 같은 방식으로 교육했다가 낭패 본 경험담을 쓴 책입니다. 같은 부모에게서 나온 자녀지만, 자녀들은 다릅니다. 일란성쌍둥이도 다르다는 게 과학적 사실입니다. 그런데도 부모들은 첫째를 키웠던 감성과 스타일을 고수합니다. 왜 그럴까요?

첫째를 키울 때 공부한 것을 업데이트하지 않고 하던 대로 하려고 하기 때문입니다. 저는 첫째를 키울 때 학습이 필요하다고 깨닫는 순간 매달 한 권 이상의 관련 도서를 읽었습니다. 단순 육아서부터 시작해서 양육, 교육 등 다양한 도서를 읽었습니다. 그리고 적용하는 훈련을 했습니다. 모든 이론과 다양한 사례는 참고이지 절대적이지 않기 때문에 응용해야 하는 경우가 더 많았습니다. 그리고 둘째 때는 같은 책이라도 달리 적용해야 했습니다. 주아는 언니보다 유연하고 겁이 없어서 같은 훈육방법이 통하지 않았습니다. 또, 첫째는 언어 능력이 좋은 편이었지만 둘째는 그렇지 않았

둘째는 아빠가 다 키웠어요

습니다(지금까지는요). 양육함에 있어서 그 시기와 방법을 달리 해야만 했습니다. - 둘째는 첫째와 달리 어떤 능력이 발달했는지 알아보기 위해 여러 가지를 시도하려고 합니다. 둘째의 특별한 능력을 찾아낸다면 그 능력을 잘 발달시켜 줄 수 있는 방법으로 양육하기 위해 고민할 것입니다. - 아울러 첫째 안아 때는 훈육에 있어 여러 시행착오를 거쳤지만 주아는 시행착오를 덜 겪고 있습니다. 이런 '다른 적용'도 결국 배워서 알게 된 것입니다.

아이들은 태아 때부터 다릅니다. 남아와 여아가 다른 것은 말할 필요도 없고, 태어나는 시기도 다르고, 키, 몸무게, 생김새 등 같은 게 하나도 없습니다. 안아는 굉장히 예민한 편이었고, 주아는 상대적으로 무난했습니다. 안아는 낮잠을 자더라도 주위 소리에 쉽게 반응했지만, 주아는 잠이 들면 웬만한 소리에는 깨지 않았습니다. 아이들은 패턴도 각자 다릅니다. 의식주의 욕구는 같지만, 입고, 먹고, 자는 스타일이 제각각 입니다. 그런데 이런 다름을 주의 깊게 생각하지 않으면 당연히 아이들도 힘들고 부모도 힘들 수밖에 없습니다. 그리고 본격적으로 훈육과 교육이 필요한 시점부터는 더 달라집니다.

첫째 안아의 어린이집 시절에는 등원시키는 것조차 힘든 기간이 있었습니다. 이후 유치원도 마찬가지였고요. 하지만 주아는 더 어린 나이에 어린이집에 보냈지만 처음부터 잘 적응했습니다. 그런데 '적응이 끝났구나!'라고 마음을 놓을 때쯤 '노란 차(통원 차량)'만 보면 울기 시작했습니다. 처음에는 이유를 몰랐습니다. 제가 나중에 찾아낸 이유는 이것이었습니다. 주아가 처음 어린이집에 갔을 때는 아이들이 그리 많지 않았습니다. 하지만 시간이 지나 조금씩 아이들이 늘어났는데 그러다 보니 선생님이 주아에게 주는 관심의 정도가 줄어든 것이죠. '이제 선생님은 나보다 새로 온 아이들이 더 좋나 봐!'라는 생각이 들면서 주아의 작은 가슴에 인생 최초로 '소외감'이 밀려왔나 봅니다. 그러니 어린이집에 가고 싶지 않게 된 것이었죠.

아이가 직접 표현할 수 있는 나이가 아니기에 저는 제가 찾은 이유가 맞다고 가정하고 이에 대한 대책을 마련했습니다. 등원하는 아이에게 항상

"아빠, 엄마, 할머니, 선생님은 주아를 너무 사랑해! 그리고 오늘도 선생님은 주아가 보고 싶어서 기다리고 계셔!"

라고 이야기해줬습니다. 그리고 집으로 돌아오면 정말 고생한 주아를 더 안아주었습니다. 저의 대처가 얼마나 정확했는지는 알 수 없지만, 주아는 곧 다시 어린이집에 잘 적응했습니다. 만약, '언니가 그랬던 것처럼 시간이 더 흐르면 해결되겠지?'라고 생각하고 내버려 뒀다면 어떻게 되었을까요? 다양한 문제가 생기지 않았을까요?

그런데 이렇게 아이는 모두 다르다는, 너무나 당연한 사실을 부모들은 왜 간과하고 관성에 따라 양육하는 걸까요? 저는 부부가 '함께 걷는 육아'를 하지 않기 때문이라고 생각합니다. 제가 생각하

는 육아는 양육, 훈육, 교육 등에 있어서도 '부부 함께'가 기본입니다. 물론 남녀는 다릅니다. 그래서 더 잘할 수 있는 일이 있다고 생각합니다. 과학적으로도 남녀의 차이를 밝혀냈습니다. 그러나 과거의 통념적인 관습으로 인한 불합리한 성 역할 역시 존재합니다. 남자는 경제적 활동을 해야 하고 여자는 집안일을 더 해야 한다는 것을 필두로 육아도 공동으로 하되 여성이 '주'고 남성은 '보조' 역할을 해야 한다는 게 사람들의 잠재의식 속에 내재돼 있습니다. 부부가 맞벌이하는 가정도 크게 다르지 않습니다. 미국에서조차도 엄마가 더 많은 가사를 담당하는 것을 당연하게 여긴다고 합니다.

　하지만 한 사람한테 육아가 몰리면 그 양육자는 지칠 수밖에 없습니다. 육아는 방학도 휴가도 없이 계속됩니다. 심신이 지쳐 있는데 양육해야 할 아이가 늘어난다? 벌써 아찔합니다. 이런 상황에서 아이들의 차이를 면밀히 살펴보고 그에 맞는 양육방법을 고민할 시간이 있을까요?

　저희 가정은 지금 삼대가 모여 삽니다. 어머니께서 아이들의 양육 일부분을 맡아주고 계십니다. 첫째 때 뼈저리게 느꼈던 것처럼 어머니와 저희의 가치관은 여전히 다르고 양육 방법도 차이가 있습니다. 그래도 함께하니 더 좋습니다. 저 혼자 아이들을 양육했던 때는 닥치는 일 처리하기에 급급했습니다. 하지만 지금은 아이들의 성향에 맞는 양육법을 찾을 수 있는 여유가 생겼습니다. 어머니와 함께 살면서 아이들과 관련한 여러 가지 부분을 생각할 수 있었던 것이죠. 일단 기본적인 의식주 부분에서 부담이 덜어지니 제 여유 시간도 늘고, 아이들과 관련한 생각도 더 할 수 있었죠. 그래서 둘째를 첫째와 같은 방식으로 키우는 게 아니라 주아만의 특성을 살릴 수 있는 방법을 계속 고민하고 있습니다.

결론은 '독박 육아'는 아이들을 잘 양육하기 어렵다는 것입니다. 그러니 부부가 됐든 삼대가 됐든 함께 노력하는 게 중요합니다.

부모의 행복 VS 아이의 행복

과거에는 부모들이 젊은 시절에 자녀를 위해서 희생하고 노후에 자녀들의 효도를 받으며 살았습니다. 그러나 현대는 그렇지 않습니다. 가족보다 개인이 중요해지면서 결혼도 선호하지 않고, 결혼한다고 해도 아이를 낳지 않는 부부(딩크족)도 많이 생겼죠. 딩크족까지는 아니라도 육아의 고됨을 진지하게 고민해 보지 않았다가, 본격적으로 육아를 시작하면서 자신의 인생이 송두리째 사라졌다고 탄식하기도 합니다. 제가 아는 선배 부부는 20대 중반에 결혼해서 '허니문 베이비'를 가졌는데, 형수님이 당황하며 울었다고 합니다. 임신이 싫어서가 아니라 그렇게 빨리 아이를 낳고 싶지 않았던 것이죠.

안아의 유치원 친구 엄마와 언쟁 아닌 언쟁을 한 적이 있습니다. 어쩌다 한번씩 마주치면 인사만 하던 사이였습니다. 항상 유치원 졸업 시즌에 유치원에서 학부모 대상으로 수기를 공모했습니

다. 제가 여기에 수기를 낸 것이 발단이었습니다. 저는 지금과 똑같은 관점에서 부모들이 아이들을 유치원에 맡겨놓고 카페에 모여 앉아서 어디는 어떻게 한다더라는 식의 정보교류하는 대신에 아이의 양육과 교육에 실질적인(독서, 리서치 등) 노력을 해야 한다고 썼는데 그것이 문제가 됐습니다. 그 엄마는 저에게 전화를 해서 아들 키우는 것에 대한 어려움을 격정적으로 토로하였습니다. 통화를 해보니 그 엄마는 아들 키우기가 힘들어서 아이를 안아가 다니던 유치원에서 프로그램이 조금 더 타이트한 학원으로 옮기셨더라고요. 물론 그렇게 하신 이유의 첫 번째는 아이의 발전을 위해서였겠지요.

결론적으로 제가 아들도 안 키워본 주제(?)에 자신과 같은 부모들을 저격(?)하는 수기를 썼다고 불만을 제기한 것이었습니다. 다행히 통화는 큰 다툼 없이 마무리됐습니다. 그 엄마와 통화를 마치고 난 후, '아이 키우는 게 얼마나 힘들면 애꿎은 나한테 호소할까?'라는 생각마저 들어 안타까웠습니다.

공동 육아가 되지 않고 독박 육아를 하는 가정에서는 (물론 다는 아니겠지만) 좀 더 수월한(?) 양육을 위해서 아이들을 '빡센' 학원에 보내고 있으리라 생각합니다. 그리고 그런 비슷한 처지의 부모끼리(대체로 엄마들) 카페에 앉아서 서로 위로하는 모습을 자주 보았습니다. 가장 큰 원인은 아빠들이 적극적으로 육아(교육, 훈육 등)에 관여하지 않기 때문입니다. 아빠가 주변인, 보조자가 아니라 적극적인 참여자가 돼야 합니다. 엄마가 의지할 사람은 아파트 단지 내의 다른 엄마가 아니라 바로 남편입니다. 카페에 앉아서 글을 쓰고 있으면 엄마들의 이야기가 들립니다. 듣고 싶지 않아도 자녀를 키우는 입장이다 보니, 저절로 귀가 그 소리를 향했습니다. 좋은 정보교류를 하고 있다면 이런 글도 쓰지 않았을 것입니다. 대부분 "~하더라" - 플러스 자기 자녀 자랑 - 입니다. 물론 수다를 떨면서 스트레스를 해소하고 카타르시스를 느낀다면 다행입니다. 하지만 어떤 엄마들은 그런 모임이 싫어도 자녀 교육과 관련한 정보를 얻을 수 있는 다른 방법을 몰라서 억지로 참여하기도 합니다. 저는 정보를 책과 인터넷 검색 등으로 얻었습니다. 그리고 다른 엄마들과 나누기 전에 아내와 나눴습니다. 시간을 정해 놓고 나눈 게 아니라 기회가 될 때마다 대화를 했습니다. 그러면 아내도 이런 부분을 기억하고 있다가 일하다가도 짬이 나면 아이들에게 필요한 정보들을 찾아서 저와 공유했습니다.

　　기본적으로 저는 '공동 육아'에 참여하지 않는 다른 한 부모를 더 공격적으로 지적하고 있습니다. 하지만 카페에서 이야기할 시간은 있어도 관련된 책은 읽지 않는, 또 다른 부모의 편을 들고 싶지도 않습니다. 아이 돌보는 게 힘들어서 아이를 더 '빡센' 학원으로 보냅니다. 그리고 모든 게 아이를 위해서라고 말합니다. 하지만 마음 한구석에는 '나도 좀 편하게 살자.'라는 마음이 있지 않았을까요?

　　인간은 누구나 행복 추구의 권리가 있습니다. 아이 때문에 부모가 불행해져서도 안되지만 부모라고 해서 아이의 행복을 막아

서도 안되죠. 내 행복을 위해서 어쩔 수 없이 아이의 행복을 뺏는 것이 아니라 가족의 행복 총합을 더 높일 수 있는 방법을 찾아야 합니다. 즉, 발상의 전환이 필요합니다.

첫째 안아는 '영어 유치원'에 보냈습니다. 당연히 둘째도 특별한 사정이 없으면 보낼 예정이었고요. 하지만 보내지 않기로 했습니다. 왜냐하면 안아와 주아가 다르다는 사실을 알았기 때문이었죠. 처음에 아내에게 이런 이야기를 했더니, 아내가 부정적인 반응을 보였습니다.

"나중에 차별했다고 생각할 수도 있어."

그럴 수도 있겠다는 생각이 들었습니다. 이후 또 이야기를 나눴고, 그쯤에는 아내의 생각도 바뀌고 있었습니다. 물론 둘째도 보내면 잘 적응하리라 생각합니다. 하지만 같은 시간에 주아가 더 잘할 수 있는 쪽으로 투자하자고 의견을 모았습니다.

주아는 언니가 하는 일에는 모든 관심을 보입니다. 그중에서도 특히, 피아노에 더 관심을 보였고요. 그래서 하루는 물어봤습니다.

"주아야, 다섯 살 되면 피아노 학원 다녀볼까?"
"응, 좋을 거 같아요."
"대신, 언니가 다녔던 영어 유치원은 나중에 다닐 거야. 그래도 피아노 학원 다니고 싶어?"
"응, 난 피아노 치고 싶으니까."

물론 조금 다니다가 울면서 다니기 싫다고 할 수도 있습니

4. 함께 걷는 육아

다. 그리고 영어 유치원은 아침에 보내면 오후 늦게 집으로 돌아오지만 피아노 학원에 다니게 되면 신경 쓸 것도, 가정 보육 시간도 더 늘어납니다. 더 '빡센' 양육을 해야 하는 것이죠. 그러나 저는 혼자 육아하는 게 아니어서 이런저런 생각을 할 수 있었습니다. 부모의 행복과 아이의 행복 사이의 갈등은 항상 있을 수밖에 없습니다. 그래서 부부(가족)가 '함께 걷는 육아'가 절대적으로 필요한 것이죠.

온 가족의 행복 총합을 높이는 방법은 '공동 육아'가 최선입니다. 한 명의 희생으로 다른 사람이 편해진다고 생각할 수 있습니다. 하지만 절대 그렇지 않습니다. 아내가 힘들면 그 불만을 남편에게 전가하게 됩니다. 남편은 남편 나름의 불만이 있으니, 서로 힘든 시점이 되면, 갈등 상황이 발생합니다. 그러면 아이들도 어려운 시간을 보내야 하고요. 알아서 눈치 봐야 하니까요.

'공동 육아'를 하면 서로 이해할 수 있습니다. 기저귀 한 번 갈아보지 않은 사람은 자녀의 응가 냄새를 잘 모릅니다. 그 응가가 손톱 사이에 들어가 곤욕스러운 경험을 겪어보지도 못했을 것입니다. 하지만 이런 경험이 조금이라도 있다면 현재 주 육아 담당자인 배우자를 더 이해하고 고마워할 것입니다. 주로 밖에서 시간을 보내는 아내는 제가 어떻게 아이들을 키우는지 잘 알고 있습니다. 그래서

"여보, 고마워! 여보가 고생이야!"

라는 표현을 종종 합니다. 남편인 제 입장에서는 아내가 밖

에서 고생하는 게 편치 않고요. 서로 하는 일을 알고 있으니, 역지사지(易地思之)가 될 수 있는 것이죠.

<u>관습을 넘어서 진짜 아빠로</u>

몇 년 전에 서울에서 동기들을 만났습니다. 대학 시절부터 알고 지낸 사이여서 서로 성격도 잘 알고, 어떻게 결혼했는지도 잘 알고 있는 관계였습니다. 자녀가 있는 동기도 있었고, 그렇지 않은 친구도 있었습니다. 어쩌다 보니 육아와 관련한 이야기가 나왔는데, 대체로 육아는 아내의 몫이었습니다.

> "나는 밖에서 일하다가 일찍 들어 가봐야 10시야! 그러니 아이를 돌보기 쉽지 않지. 주말에는 당연히 좀 쉬어야 하고. 그래서 아내가 주로 하지. 그리고 아내는 전업 주부잖아."

친구의 말은 자신은 열심히 경제활동해서 돈을 벌어오고, 그 돈으로 생활을 하니까 육아는 아내의 몫이라는 의미였습니다. 완전히 틀린 말은 아닙니다. 밤늦게까지 일하고, 주말도 반납한 채 아이를 돌봐야 한다면 굉장히 힘들 것입니다. 이 친구가 육아 초기에 아내를 돕다가 쓰러져서 병원에 입원한 그 친구입니다. 그러나 조금 세밀하게 따져보면 친구의 말은 틀렸습니다. 밖에서 이뤄지는 경제활동은 근로라고 생각하면서도 '가사 노동'은 인정하지 않고 있습니다. 아이를 혼자서 낳을 수 없듯이, 양육하는 것도 혼자서 할 수 없습니다. 부부가 함께 걷는 육아가 필요합니다.

제가 아이 둘을 양육할 때 매너리즘에 빠지면 '정말 이렇게 살다가 죽는 걸까?'라는 생각을 종종 했습니다. 육아는 육체적으로도 쉽지 않지만 정신적인 스트레스도 만만치 않습니다. 이런 경험이 있기에 아빠들의 육아 참여를 더 적극적으로 권하는지도 모릅니다.

조선 시대만 하더라도 아이들이 일정 나이에 도달하면 남성이 나서서 자녀들의 교육과 훈육을 담당했습니다. 이런 관행은 동서양이 비슷합니다. 성경에서도 아이들의 주 양육자는 남성입니다. 1세기 전에도 마찬가지였습니다. 영재 교육으로도 유명한 칼 비테(Karl Witte)의 교육을 담당했던 사람은 아버지입니다. 역사상 가장 천재라고 인정받는 존 스튜어트 밀((John Stuart Mill)의 교육을 담당했던 사람도 아버지 제임스 밀(James Mill)이었습니다. 이렇게 보면 과거에는 아빠가 자녀의 교육과 훈육을 담당했다고 할 수 있습니다. 그런데 언제부터 자녀의 교육과 훈육이 엄마 몫이 됐을까요?

자녀 양육은 누구만의 역할이 아니라 공동의 것입니다. 물론 역할 상 '주'와 '보조'가 있을 수는 있습니다. 그러나 한쪽이 완전히 제외되어서는 안 됩니다. 종종 주말에 놀아 주는 아빠들은 '그래도 난 아이들과 잘 놀아줬어. 내 역할 잘했어!'라고 생각하면서 스스로 만족할 수도 있습니다. 하지만 곰곰이 생각해 봅시다. 정말 아빠 역할을 잘했나요?

　　아이들은 성장하면서 대체로 주 양육자를 두려워하고, 그렇지 않은 부모는 친구처럼 여깁니다. 주 양육자는 아이의 모든 생활을 컨트롤하는 책임이 있다 보니 훈육을 하기 때문입니다. 대체로 엄마가 주 양육자니, 엄마를 무서워하고 고분고분한 모습을 보여줍니다. 그러면서 정이 듭니다. 그러나 아빠는 평소에 거리를 두다 보니 사이가 점점 멀어지고 자녀들이 성장해도 좀처럼 가까워지지 못합니다.

　　저희 집은 제가 주로 양육하다 보니 아이들이 아빠를 더 무서워합니다. 그렇다고 엄마를 친구처럼 편하게 여기는 것도 아닙니다. 현대 가정의 분위기를 생각했을 때 가족 내에서의 제 위치는 꽤 괜찮다고 자평합니다. 아빠들이 우스개로 가족 내 서열을 말하면서

　　"난 우리 집 3등이야. 아내가 1등 아이가 2등 그리고
　　나."

　　라고 하는 걸 보면 그렇습니다. 저는 제가 서열 꼴찌라고 생각하지 않고, 아이들도 그렇게 여기지 않습니다. '꼴찌'라는 자복은 그만큼 가족 내에서 존재감이 없다는 의미입니다. 반대로, 가족 내에서 독보적인 위상을 지닌 아빠도 있는데, 다른 말로 하면, '꼰대'일 수 있습니다. 현재 50대 이상의 세대는 생후 100일 이전의 자녀가 있을 때 잠을 따로 잤다고 합니다. 왜냐하면 다음 날 출근을 위해서 잠을 잘 자야 했으니까요. 좀 시간이 흘러서 30대 후반에서 40대로 넘어오면 남편들이 가사 분담을 하고 아이도 열심히 돌

보려고 합니다. 하지만 여전히 보조 역할 수준입니다. 더 젊은 부부들은 더 나아진 모습일 거로 생각하지만, 꼭 그렇지는 않습니다. 아내를 보조하는 역할에서 더 나아간 남편은 찾기 어렵습니다.

최근에 아이들을 데리고 동물원에 갔습니다. 저의 계획은 혼자 아이 둘을 데리고 가는 것이었는데, 아내가 바쁜 와중에도 시간을 내서 함께 갔습니다. 한참 여러 동물을 보고 난 후에 간단히 간식을 먹기 위해서 이동하는 중이었습니다. 고개가 젖혀진 채 잠든 아이를 아기 띠에 품고, 유치원에 다닐 법한 아이의 손을 잡고 걸어가는 한 엄마와 마주쳤습니다. 저는 당연히 주변에 아빠가 있을 거로 생각했습니다. '음료수 사러 갔나?'라고 생각했죠. 하지만 아빠는 나타나지 않았습니다. 오히려 비슷한 처지의 엄마가 등장해서 함께 총 네 명의 아이를 데리고 다녔습니다. 요즘 보기 힘든 장면이었습니다.

2년 전쯤이었습니다. 지금처럼 어머니와 함께 살 때가 아니어서 아내가 멀리 출장을 가거나 모임이 있어서 외출하면 두 자매의 돌봄은 오롯이 제 몫이었습니다. 토요일 아침, 아내는 일이 바빠서 회사에 출근했습니다. 그리고 저는 두 아이를 데리고 한 모임에 참석했고요. 가는 길에 주아가 응가를 해서 공용 화장실에서 기저귀를 갈아주기도 했습니다. 모임은 점심 식사 모임이었는데, 두 아이를 먹이면서 저도 먹어야 하니 쉽지 않았습니다. 그 모습을 본 저보다 연배가 있으신 여성분이 도움을 주셨습니다. 안아를 챙겨주시기도 했고, 제가 화장실에 다녀올 동안 주아를 봐주시기도 했

습니다. 그리고

"참 좋은 아빠네!"

라는 칭찬을 많이 해주셨습니다. 만약 이 상황을 저 대신 아내가 했다고 한다면? "참 좋은 엄마네!"라는 칭찬을 들을 수 있었을까요?

가정 내에서의 성 역할은 관습적으로 정해져 있습니다. "집안일은 여성이 해야 한다." 그러니까 육아 부분도 아내가 더 많은 부분을 담당해야 한다고 생각합니다. 과거에는 경제활동이 남성 중심으로 이뤄져 있어서 변명거리라도 있었지만, 현재는 맞벌이가 많다 보니 이런 관행은 사라질 때도 됐습니다. 그러기 위해서 우선 아빠의 생각이 달라져야 합니다. 즉, 적극적으로 자녀 양육에 동참해야 합니다.

어린 시절, 저는 부엌에 들어가는 걸 엄청 꺼렸습니다. 명절이 되면, 모두 옹기종기 모여 마늘을 깔 때도 저는 딴청을 부릴 정도였으니까요. 그 어린 시절, 그게 제 남성상이었습니다. 이상하게도 제 주변 남성들은 그렇지 않았는데 저는 대학 시절까지 그 상태를 유지했습니다. 여자 사람 친구들이 생기면서 제 생각이 틀렸음을 깨달았습니다. 그리고 그제야 남성과 여성에 관련한 공부를 시작했습니다.

그랬던 제가 지금은 육아와 집안일 하는 데 능숙해졌네요. 둘째는 엄마보다 저한테 더 의존합니다. 어디서 떨어질 뻔하거나 넘어질 때 무의식적으로 제일 먼저 찾는 사람이 "아빠!"입니다. 입고 먹고 자는 문제뿐만 아니라 특정 이슈에 대해 어린이집 선생님과 토론할 정도로 발전한 아빠가 됐습니다. 한번은 어린이집에서

"오늘부터는 주아를 앉힐 때 아빠 다리하고 앉는 연습을 했어요."

라고 알려줬습니다. 그 말씀을 듣고 저는

"저는 성장기 아이들한테 그 자세가 좋지 않다고 알고 있습니다. 다른 아이한테 피해를 주지 않는다면, 주아는 다리를 펴고 앉게 해 주세요."

라고 이야기해서 자세를 교정할 수 있도록 했습니다. 이뿐만 아니라, 어린이집에서 일률적으로 취하는 여러 활동에도 종종 이의를 제기해서 주아의 생활에 도움이 될 수 있도록 조치했고요. 물론 관점에 따라서는 극성스러운 부모 이미지로 각인될지도 모르겠습니다. 그런데 감사하게도 엄마가 아닌, 보기드문 주 양육자 아빠가 나서서 그런 걸까요? 선생님들도 좋게 받아들여 주셨습니다.

모성애도 있고, 부성애도 있습니다. 그러나 대부분 모성애가 부성애보다 크다고 생각할 것입니다. 왜냐하면 아이는 열 달 동안 엄마 배 속에 있었으니까요. 이런 불리한 조건을 만회하기 위해서는 아빠가 더 열심히 육아하고 스킨십도 더 자주 해야 합니다.

그러나 아빠는 이미 수세에 몰린 상황을 만회하려 하지 않습니다. 그냥 주도권을 아내한테 내어주고, 열세를 인정합니다. 그러면 구체적으로 시키는 일 외에는 관여하지 않아도 되니까요.

아빠와 친한 아이가 사회성이 뛰어나다는 연구 결과가 있습

니다. 이 말을 다른 각도로 해석하면, 이미 엄마와는 관계가 좋은데 아빠와 아이의 사이가 가깝지 않다는 의미입니다. 그러니 아이들과 더 놀아 주고 관심을 가지라는 말이죠. 자녀 양육에 있어서 아빠 역할이 중요한데도 제대로 못하고 있다는 방증입니다. 아빠들의 분발이 필요합니다.

함께 걸으며, 대화하며

부부의 소통과 관련해서도 많은 책이 나와 있는데 누구나 예상할 수 있듯이 소통이 잘 이뤄지는 부부가 더 행복하다고 합니다. 어떤 연구에서는 자녀들보다 배우자를 우선순위로 생각하는 부부의 가정이 더 화목하다는 결과를 보여줍니다. 부부는 대화해야 합니다. 의견이 다를 수도 있습니다. 그때는 부부가 토론을 거쳐 합의점을 도출하면 됩니다. 어차피 다른 사람이 만나서 한 가족이 된 것입니다. 그리고 둘이 사랑해서 또 다른 인격체, 자녀를 낳았습니다. 이제 갈등 상황이 더 많아지겠죠. 둘보다 셋이, 셋보다 넷이 같이 살 때 갈등이 더 많이 생길 수 밖에 없습니다.

아내가 적극적으로 경제활동을 하다 보니 우리 부부도 대화 시간이 많지 않습니다. 하지만 아이들과 관련한 부분에서는 서로 이야기를 나누려고 노력합니다. 예를 들어서 새로운 학원에 보내거나 새로운 학습(최근에는 유튜브를 활용해서 독서 리뷰를 하고 있습니다)을 시작할 때는 무조건 의견을 나눕니다. 그리고 아내가 적극적으로 피드백을 주고요. 자녀 관련한 내용뿐 아니라 부모님 이야기, 가정 이야기, 정치·사회·문화 등 다양한 분야에 관련한 이야기를 나눕니다. 물론 정치적 성향도 다르고, 기본적으로 사회 등을 바라보는 시각에도 이견이 있을 때가 종종 있습니다. 이럴 때는 치열하게 토론하기보다는 서로의 견해를 이해하려고 노력합니다. '똘레랑스'의 실천이죠.

그리고 무엇보다 중요한 대화, 배우자에 대한 불만이 차곡차곡 쌓여서 꼭 이야기해야 하는 순간, 우리 부부는 대화를 회피하지 않습니다. 언성을 높이기도 하고, 이해의 이성적 선보다 오해의 감성적 선의 피치가 더 높을 때도 있습니다. 그런데도 대화를 피하지 않습니다. 대화하고 최대한 상대방을 이해하려고 노력하다 보면 결국 이해의 파도가 오해의 모래성을 무너뜨립니다.

물론 부부의 대화 시간을 별도로 정해 놓는 게 더 좋습니다. 그러나 현실적으로 어려울 때는(변명일 수도 있지만) 누군가가 대화를 요청할 때, 회피하지 않고 진지하게 응하는 게 중요하다고 생각합니다. 한번은 남성들만 모인 모임에서(제가 가장 어린 편이었습니다) 제가 대화와 관련한 이야기를 했습니다.

"저는 아내가 장문의 메시지를 보내면, 그보다 더 길게 답 메시지를 보냅니다. 그러면 오해도 풀리고, 관계가 좋아집니다."

그랬더니 한 남성분이

"그건 자네가 작가라서 가능한 거야!"

라고 하셨습니다. 그 자리에 모였던 대부분이 그분의 말에 동의했고요. 작가라서 가능한 게 아니라, 아내의 메시지를 이해하기 위한 남편의 노력이라고 생각합니다. 그리고 이런 노력이 서로 있었기에 여전히 서로를 신뢰하고 사랑하며 함께 같은 길을 걷고 있는 거고요.

그리고 우리 부부는 정해진 규칙은 없어도, 둘만의 대화 빈도가 평소보다 적다고 생각하면 본능적으로 대화를 합니다. 긍정적인 관성이라고 생각합니다. 그래서 종종 느닷없이 아내한테 전화가 걸려 올 때가 있습니다.

"무슨 일 있어?"

"아니! 우리 요즘 대화 안 한 지 꽤 된 거 같아서. 너무 무심한 거 같아서."

그러면서 잠시나마 대화를 나눕니다. 사람은 각자 '배꼽시계'가 있습니다. 그래서 음식을 먹어야 할 때를 알려줍니다. 부부는 '대화의 시계'가 있어야 합니다. 일정 기간 지나면 울려서 서로의 이야기를 들어야 할 때를 알려주는.

저는 아이들과 관련한 내용을 블로그에 옮겼습니다. 일상을 그대로 정리한 일기 형식은 아닙니다. 대신 아이들과 함께 보낸 시간 중에 제가 느낀 점을 옮겼습니다. 블로그에 매일 써서 흘러넘치는 육아 일기가 아니라, 육아하면서 종종 느꼈던 점을 옮긴 '육아(양육) 느낌'입니다. 아내는 이런 제 느낌을 읽고, 아이들과 관련한 정보를 얻습니다. 바쁜 아내와 제가 대화하는 또 한 가지의 방법입니다.

자녀와의 갈등 상황에서도 부모라는 지위로 강압적으로 해결하려는 것에는 한계가 있습니다. 자녀들과도 대화해야 합니다. 초등학교 2학년이 된 안아는 꾸중을 들을 때도 자기 생각을 말하곤 합니다. 물론 저도 정상적인 상황일 때(욱하지 않을 때)는 합리적인 근거를 대면서 토론을 합니다. 주아도 자기 생각을 잘 말합니다. 참 귀엽습니다. 하지만 아니다 싶을 때는 설명해줍니다. 최근에는 어린이집에서 '김장 데이'를 맞이해서 김치를 담궈서 집으로 가져왔습니다. 그런데 아무도 그 김치를 먹지 않았습니다(말 못 할 사정이 있습니다). 냉장고를 열 때마다 주아가

"제가 가져온 김치는 안 먹는 거예요?"

섭섭함이 가득 밴 음성으로 묻습니다. 어른들은 아이가 섭섭하지 않도록 잘 설명해줍니다. 네 살의 주아가 이러니, 열 살의 주아, 열일곱 살의 주아와는 얼마나 더 다양한 상황에서 다양한 주제로 토론하고 설명해야 할까요? 아이들과도 꾸준히 대화하는 분위기를 만들어야 합니다.

아빠가 잘못했어

육아 이야기에서 빼놓을 수 없는 것이 훈육입니다. 또, 훈육에 관한 이야기를 하자면 체벌 이야기를 하지 않을 수 없네요. 단원 김홍도의 『서당』이라는 작품을 보면, 훈장 선생님께 종아리를 맞고 울고 있는 학생과 그 모습을 보면서 애잔한 표정을 짓고 있는 선생님이 있습니다. 굳이 해석하면 "다 잘되라고 회초리를 든 것이다."라는 의미가 있겠죠. 이런 체벌과 관련한 부분은 성경에도 있습니다.

> 아이를 훈계하지 아니 치 말라 채찍으로 그를 때릴지라도 죽지 아니하리라 그를 채찍으로 때리면 그 영혼을 음부에서 구원하리라 (잠언 23:13-14)
> 아이의 마음에는 미련한 것이 얽혔으나 징계하는 채찍이 이를 멀리 쫓아내리라 (잠언 22:15)
> 채찍과 꾸지람이 지혜를 주거늘 임의로 하게 버려두면 그 자식은 어미를 욕되게 하느니라 (잠언 29:15)

성경 말씀을 그대로 받아들인다면 체벌하지 않는 부모는 아이를 망치는 것처럼 보입니다. (신약에는 "자녀를 노엽게하지 말라."라는 구절도 있습니다.) 사실 저도 참 많이도, 사랑을 맞으면서 컸습니다. 집에서도 맞고, 학교에서도 맞고. 그런데도 부모님을 여전히 사랑하고, 은사님들께 종종 연락합니다. 그러니 체벌을 꼭 부정적으로 생각할 게 아니라는 의견에도 일리가 있는 듯합니다. 그러나 부모님이나 은사님께서 체벌하지 않으셨다면? 사랑하지도 않고, 연락도 하지 않았을까요?

몇 년 전에 자녀 양육과 관련한 모임에 참석한 적이 있습니다. 체벌과 관련한 주제 강의가 있었고 이어서 질의응답 시간이 이어졌습니다. 한 남자분이 격앙된 목소리로 아래와 같이 질문했습니다.

"아니, 내 아이를 조금도 체벌할 수 없다니, 그게 부모 자식 사이라 할 수 있습니까? 살다 보면, 조금 손댈 수도 있는 거 아닙니까?"

과거 체벌이 아무렇지도 않게 이뤄졌던 시절을 정당화할 수 있다면, 뭐 그럭저럭 이해할 수 있는 말입니다. 그러나 체벌은 성장기 아이들에게 좋지 않은 기억을 남기고 오래도록 영향을 줍니다. 그래서 최근에 나온 자녀 훈육 도서에서는 체벌을 무조건하지 말라고 합니다. 굳이 체벌이 아니어도 훈육할 방법이 많다는 것이죠.

조선 시대나 성경 시대의 자녀는 인격적 존재가 아니었습니다. 서당에 다니는 아이들도 계급에 따라 구분됐고, 훈장 선생님은 당연히 때려도 문제없는 아이들을 체벌했을 것입니다. 성경 잠언에 나오는 체벌도 아이들을 현재처럼 인격적으로 생각했다면, 존재하지 않았을 구절입니다. 현대 육아서는 부모에게 자녀를 '동등한 관계'로 인식하라고 조언합니다. 인격적으로 동등한 관계에서 체벌이 적절한 훈육 방법일 수 있을까요?

저는 안아를 체벌한 적이 있습니다. 그리고 '욱'해서 공포 분위기를 조성한 적도 있고요. 그러나 이 모든 게 좋은 훈육 방법이 아니라는 사실을 알고부터는 체벌은 하지 않았고, '욱'하는 횟수도 줄여나갔습니다. - 저는 화 안내는 프로젝트를 스스로 실행한 적 있습니다. 2주 동안 절대 화를 내지 않는 것이었습니다. 이 기간을 잘 버티니 이후에도 '욱'하는 일이 많이 줄었습니다. 이 과정을 블로그에 연재했습니다. - 그리고 안아가 어느 정도 이해력이 생겼을 때 진심으로 체벌한 것에 대해서 사과했습니다.

> "아빠가 안아를 때린 건 정말 잘못한 일이야. 그때는 때리는 게 잘못이라는 걸 몰랐어. 하지만 좋지 않은 거라는 사실을 알고 나서는 안아를 때리지 않았어. 그래도 그전에 때린 일은 정말 미안해. 진심으로 사과할게."

'부모 노릇 하기 정말 힘들다.'라고 생각할 부모도 꽤 있을 거 같습니다. 맞습니다. 어렵습니다. 내가 어린 시절에 받았던 교육과 달라서 이해하기도 어렵고 그래서 적용하기는 더 어렵습니다. 그러나 차분히 생각해 보면 체벌과 같은 강경한 훈육이 아이에게 정말 도움이 될까요? 말로 해도 충분히 고칠 수 있다면 굳이 체벌하면서 윽박지를 필요 없습니다. 화를 내기 시작하면 멈추기 힘듭니다. 그 모습을 보는 자녀들은 당연히 공포 분위기에 떨게 됩니다. 당장 효과는 있을 수 있습니다. 그러나 장기적으로 보면 자녀와 멀어지게 만드는 원인일 뿐입니다. "다 너 잘되라고 한 거야!"라

4. 함께 걷는 육아 197

고 설득해도 돌아오는 대답이 없습니다. 왜냐하면 그쯤 되면 자녀들이 곁에 없을 겁니다. 그리고 아빠는 자녀들한테 어느덧 '꼰대'가 돼버렸을 테니까요.

저도 안아를 훈육하면서 많은 실수를 거듭했습니다. 그리고 여전히 실수합니다. 사랑하는 제 딸은 아빠를 무서워합니다. 평소에는 그렇지 않다고 하지만 무서울 때가 있다고 합니다. 최근에는 기분이 좋지 않은 안아가

"그래서 제가 아빠보다 엄마를 더 사랑하는 거예요!"

라고 말한 적도 있습니다. 그 말을 들은 저도, 기분이 좋을 리 없었습니다. 그렇다고 뭐라고 대꾸할 수도 없었고요. 저는 아이들한테 큰소리치고 나서 "다 너 잘되라고 한 거야!"라고 외칠 자신도 없습니다. 윽박지르고, 폭언하고, 때로는 물리적으로 힘들게 했던 훈육 방식이 좋지 않다고 생각하기 때문입니다(이런 경험이 있어서 그런지 주아는 안아와 비교할 때 조금 더 부드럽게 훈육하는 듯합니다. 안아가 있다 보니 주아가 더 어려 보여서 그럴 수도 있습니다. 어쨌든 주아가 있어서 안아를 대하는 모습도 달라지는 긍정적인 효과도 있습니다. 똑같은 실수를 했을 때, 주아만 봐줄 수는 없으니까요. 최대한 공정하게 훈육하려고 노력합니다).

더 나쁜 점은 이것이 익숙해진다는 것이죠. 처음 한 번은 어렵습니다. 처음에는 놀란 아이를 달래고 미안한 마음이 들지만, 나중에는 그렇지 않습니다. 스스로 정당화합니다. 두 번, 세 번 반복되면 어느덧 당연한 과정이 됩니다.

"다 내 아이를 위해서야!"

"쟤는 이렇게 하지 않으면 말을 안 들어!"

"나 어릴 때는 더 많이 맞았어!"

다들 그렇게 변명합니다. 하지만 아무리 합리화해본들 나 자신과 아이를 위한 일이 절대로 아닙니다. 아주 간단하게 검증해 볼 방법이 있습니다. 과거에 부모님께 맞았던 기억을 떠올려 보면 알 수 있습니다. "참 좋았던 기억이었어!"라고 말할 수 있는 사람이 있을까요? 나에게 좋지 않은 기억을 사랑하는 자녀에게 대물림해서 남겨줄 이유가 있을까요? 아이도 나와 동등한 인격을 가지고 있습니다. 그리고 나와 가장 가까운 곳에 있으면서 '함께 걷는' 존재입니다.

무조건 수용은 체벌만큼 좋지 않습니다

아이에게 좋지 않은 트라우마를 남게 하는 훈육 방법이 '체벌'이라고 한다면, 아이를 망치는 훈육은 '무조건 수용'이라고 생각합니다. 현대 가정에는 자녀가 하나 아니면, 둘입니다. 아이를 너무 낳지 않다 보니 국가에서는 다자녀 가정에 여러 혜택을 주고 있습니다. 하지만 혜택보다 양육 비용이 훨씬 많이 들고 그 과정도 힘들어서 다들 '다자녀'라고 하면 손사래를 칩니다. 아는 지인은 셋째가 생기자마자, 병원에 가서 조치(정관수술)를 취했다고 합니다. 더는 낳지 않겠다는 강력한 의지를 몸으로 표명한 것이죠.

4. 함께 걷는 육아   199

둘째는 아빠가 다 키웠어요

　　우리 어머니 세대만 하더라도 다산은 축복까지는 아니더라도 긍정적인 현상으로 받아들였습니다. 어른들은 흔히들 "자기 먹을 것은 가지고 태어난다."라고 하면서 육아와 양육의 고통을 운명으로 승화시켰습니다. 먹을 게 부족하던 시절, 많은 형제는 굶주리기 일쑤였고, 어쩌다 좋은 음식, 의복이 생기면, 서로 갖겠다고 다투던 게 아주 오래 전 일이 아닙니다. 저만 하더라도 학용품과 옷 등을 손위 사촌들에게 물려받았고, 양말이나 옷은 꿰매 입었던 기억이 있습니다. 어린이날 최고의 음식은 짜장면이었고, 하루 용돈으로 군것질 한 번 하면 끝나는, 돈 백 원만 받아도 주머니가 가득 찬 느낌이었습니다.

　　그 시절에는 자녀들의 요구에 대해서 '무조건 수용'하는 것은 '악(惡)'이었습니다. TV 프로그램에서도 아이의 잘못을 감싸기만 했던 부모로 인해서, 결국 아이가 도둑이 됐다는 메시지의 만화영화를 종종 방영하기도 했습니다. 아이들이 잘못하면, 당연히 훈육해야 합니다. 아이를 두둔해서는 안 됩니다. 아무것도 모르는 아이라면, 무지로 인한 실수로 이해할 수도 있습니다. 그러나 적정 연령의 아이들한테는 옳고 그름을 분명히 가르쳐 줘야 합니다.

　　저와 아내는 '무조건 수용'과는 거리가 먼 양육을 했습니다. 부모와 함께 걸어갈 만한 아이로 키우기 위해 노력한 것이죠. 아무리 요구해도 들어주지 않겠다고 한 것은 들어주지 않았습니다. 단, 들어줘야 하는 이유가 명확한 것은 최대한 수용했고요. 그래서 그런지 안아와 주아 모두 대형마트에서 물건을 사달라고 떼쓴 적이

없습니다. 혹, 갖고 싶은 장난감이 있어도 "안 돼!"라고 말하면 포기했습니다. 그리고 아무리 하고 싶어 하는 일이 있어도 상황이 되지 않으면 무리해서 시키지 않았습니다. 단, 우리 부부도 아이들을 동등한 인격체로 존중하며 아이들이 싫어하는 일을 강행하지 않았고요. 이런 생활 속 훈육이 안아한테 잘 정착하니, 주아한테는 더 쉽게 적용됐습니다. 언니가 못하는 일은 주아도 쉽게 하려고 하지 않았으니까요.

완벽하지 못한 부모 그러나 완벽한 아이들

음식점이나 카페에 가면 종종 큰 소리로 떠들고 뛰어다니는 아이들이 보입니다. 그런데 더 큰 문제는 그런 아이들을 만류하는 부모가 많지 않습니다. 그래서 '노 키즈존'이 생겼습니다. 얼마 전에 미용실에 갔는데, 우리 아이들이 분주하게 돌아다니길래

"여기는 공공장소야, 그러니 최대한 얌전하게 있도록 노력해."

라고 말했습니다. 지켜보던 헤어 디자이너분이 웃으면서

"아이들 교육 잘하시네요."

라고 하셨습니다. 그 순간에는 '당연한 것 아닌가?'라는 의문이 들었습니다. 하지만 나중에 알고 보니, 아이들이 아무리 떠들면서 돌아다녀도 제재하지 않는 부모가 더 많았기에 특별히 이야기했다는 것이었습니다.

아이들은 다른 사람의 시선을 아랑곳하지 않고 마음껏, 방종에 가까운 자유를 누립니다. 당연히 어른의 제재가 있어야 할 상황에서도 그렇게 합니다. 종종 그런 자유를 누리던 아이들끼리 만나면 충돌하기도 합니다. 그러면 누군가는 울게 되고 잠시 후, 어른들이 등장합니다. 가만 들어보면, 아이들에게는 아무런 잘못이 없습니다. 상대방 아이랑 충돌한 게 운이 없었을 뿐입니다. 아이들은 잘못하기가 정말 어려운 존재인 듯합니다.

안아가 여섯 살 때 일입니다. 같은 유치원에 다니던 아이와 사소한 다툼이 있었습니다. 저는 안아한테 사과하라고 했습니다. 하지만 안아는 사과하기를 거부했습니다. 이유는 다른 아이도 사과하지 않았기 때문이었습니다. 저는 안아가 쓴 사과의 메시지를 휴대폰으로 촬영해서 다른 아이의 부모님에게 전송했습니다. 그때 안아와 다퉜던 아이의 엄마는 이렇게 말씀하셨습니다.

"굳이 그렇게까지 할 필요 없는데요. 아이들이 어울리
다 보면, 그럴 수도 있는 건데."

틀린 말은 아닙니다. 갈등은 언제나 존재할 수 있죠. 하지만 그 갈등이 물리적인 충돌로 나아갔다면, 적절한 훈육이 필요한 게 아닐까요? 안아만 잘못했을까요? 그렇지 않았습니다. 하지만 사과는 안아만 했습니다. 지금 생각해도 좀 씁쓸합니다.

아이에게 휘둘리는 부모를 종종 볼 수 있습니다. 그러다가 아이의 장난이 심해지면 한번 욱해서 크게 혼을 냅니다. 논리적으로 이해되지 않습니다. 아이가 잘못했으면 그 상황에서 훈육하는

게 맞습니다. 참다 참다못해서 한 번에 훈육하는 게 효과가 있을까요? 부작용만 더 클 것입니다. 천진난만하게 웃는 천사같은 유아기를 지나면 당연히 훈육의 과정이 있어야 하는데, 부모들은 제대로 훈육하지 않습니다. 사실 훈육에 대해서 잘 모릅니다. 배우지 않았고, 공부하지 않았기 때문이죠.

최근에 10대 청소년들이 저지른, 상상을 초월한 끔찍한 비행 소식이 뉴스에 종종 등장합니다. 집단 폭행도 있고, 집단 성폭행도 있습니다. 심지어는 입에 담지 못할 수준의 살인도 서슴지 않습니다. 더 심각한 일은 폭력적 행동에 그치지 않고, 그 행동을 영상이나 사진으로 촬영해서 SNS 등에 유포합니다. 이들은 이런 악질적인 행위를 행했음에도 반성하지 않고 오히려 억울하다고 하소연합니다. 가해자는 피해자가 원인을 제공했다고 주장합니다. 맞을 짓 했다고 주장하고 합의된 성관계였다고 강력히 주장합니다. 그러나 폭행은 범죄입니다. 정당방위가 아닌 이상 잘못입니다. 그러나 이 아이들의 생각에는 '잘못'이라는 단어가 없습니다. 왜냐하면 자신이 자라면서 잘못했다고 지적받은 일이 거의 없었으니까요.

소설 『82년생 김지영』을 창작한 조남주 작가 등이 함께 쓴 단편 소설 모음집 『현남 오빠에게』 중에는 한 고등학교 남학생이 동급 여학생과 성관계한 이야기가 나옵니다. 남학생은 우등생이고 모범생입니다. 그래서였을까요? 남학생의 집에서는 아들의 잘못을 탓하기보다는 여학생의 행실을 문제 삼습니다. 이런 주제를 다룬 소설과 영화가 여전히 등장한다는 걸 볼 때, 소설은 작가의 상상 속 이야기만은 아닌 듯합니다. 저는 이 소설을 읽으면서, 남녀 차별만을 다룬 이야기가 아니라, 주변에서 흔히 볼 수 있는 자녀 교육 이야기로도 이해할 수 있었습니다.

훈육도 맞춤형으로

훈육이 필요하다는 사실은 모두 알고 있습니다. 그런데 훈육 방법은 잘 모릅니다. 그저 어린 시절을 떠올리면서 "라떼는 말이야~"라는 식의 훈육을 하거나, 자신이 살아온 경험을 토대로 아이들을 가르치려 합니다. 굳이 틀렸다고 말하고 싶지는 않습니다. 그러나 본인의 경험을 토대로 아이들을 훈육한다면, 우선 "당신은 완벽합니까?"라고 묻고 싶습니다.

저도 안아를 처음 훈육할 때, 과거 저의 경험을 토대로 시작했습니다. 그러니 체벌도 하고 말을 듣지 않으면 공포 분위기도 조성했겠죠. 하지만 안아가 같은 잘못을 반복하는 것을 보고, 제 훈육 방법이 틀릴 수 있다는 생각이 들었습니다. 그래서 육아서를 읽기 시작했습니다. 그리고 모든 육아서에서 저와 같은 부모에게 경종을 울리고 있음을 알게 됐고요. 육아, 훈육과 관련한 학습을 하면서 참 후회도 많이 했고, 아이를 이해할 수 있는 기회로 삼을 수 있었습니다. 그리고 어려웠지만 조금씩 고쳐 나가려고 애썼습니다. 체벌을 중단했고 최대한 윽박지르지 않으려고 노력했습니다.

대부분 부모는 훈육과 관련한 정보 - 책, 특강, 방송 등 - 를 외면합니다. 아이 기르는 건 다 똑같다는 게 부모의 기본 생각입니다. 물론 아이들이 한 살, 두 살 나이 들어가는 것은 과거나 지금이나 다르지 않습니다. 그러나 세상이 다르죠. 그래서 과거에 통했던 방법이 현재는 소용없을 때도 있습니다. 우리 부모들은 아이들을 사랑하는 마음은 있다고 하지만 좋은 양육 방법은 열심히 찾지 않습니다. 가끔 말을 지독하게 듣지 않는 아이들을 훈육하기 위해서 주변 지인의 이야기를 듣기는 합니다. 당장 사용할 수 있는 방법이니 괜찮을 수도 있습니다. 그러나 그 집 아이와 우리 집 아이가 똑같을까요?

첫째는 순종적이지만, 둘째는 그렇지 않을 수 있습니다. 그래서 엄마들은 "네 언니는 말 잘 들었는데, 너는 왜 그러니?"라고 하면서 비교하기도 하죠. 틀린 말은 아닙니다. 언니는 분명 말을 잘 들었습니다. 왜냐하면 언니에게 맞는 훈육 방식이었으니까요. 똑같이 했는데 둘째는 말을 듣지 않는다면 부모가 훈육방식을 바꾸어야 합니다. 쌍둥이 형제라도 똑같지 않으니까요. 그러니 둘째에게 맞는 방식으로 훈육하지 않는 것이지 아이에게 문제가 있는 것이 아닙니다.

안아와 주아는 각기 다른 재능이 있습니다. 안아는 음악과 언어에 재능을 보였습니다. 그래서 '영어 유치원'에 보냈습니다(현재는 방문 학습으로 일본어도 하고 있습니다). 그리고 재잘재잘 말을 끊임없이 아주 잘합니다. 주아는 어떨까요? 안아와 같은 시기를

둘째는 아빠가 다 키웠어요

비교할 때, 더 말을 잘합니다. 더 영리하다고 느껴질 때가 많습니다. 언니는 조금 고지식한 편인데, 주아는 유연합니다. 분명 다른 게 느껴집니다. 말을 잘했으니, 당연히 언어 능력도 빨리 발휘되리라 생각했습니다. 그런데 웬 걸요? '조주아'라는 이름 석 자를 일천 번이 넘게(일만 번 이상 될 듯합니다) 가르쳤지만, 아직도 이름 석 자를 모릅니다. 언니처럼 '한글이 야호'도 보여주고 다른 방법으로도 가르쳐 봤지만 아직도 모릅니다. 하지만 언니와 비교할 때 상황 판단이 아주 빠르죠. 그래서 혼날 일을 거의 만들지 않습니다. 흔히 말하는 '사고'를 덜 칩니다. 그리고 - 저는 이 질문은 엄마, 아빠가 정말로 하지 말아야 할 질문이라고 생각합니다.- "엄마가 좋아? 아빠가 좋아?"라는 질문에 안아는 "엄마!"를 정직하게 말했습니다. 아빠인 제가 물어도, 누가 물어도 답은 같았습니다. 그런데 주아는 다릅니다. 아빠가 물으면 "아빠!", 엄마가 물으면 "엄마!", 할머니가 물으면 "할머니!"라고 답합니다.

　　　저는 둘을 양육하면서 "언니는 이랬는데, 너는 왜 이러니?"라는 표현을 한 번도 하지 않았습니다. 모든 아이는 다르다는 사실을 학습해서 알고 있었으니까요. 물론 가족이니 닮은 점도 있겠죠. 그러나 다른 점이 더 많습니다. 이 점을 분명히 인식하고 있어야 아이들을 양육할 때 최대한 공평하게 대할 수 있습니다. 더 잘하는 아이가 있는 게 아니라 서로 다른 아이가 있음을 깨달아야만 좋은 훈육도 가능합니다.

교육과 학습에 대해 공부하다

요즘 부모에게 육아의 핵심은 교육입니다. 저는 개인적으로 교육과 학습을 구분합니다. 교육은 참여자가 수동적으로 참여하는 개념으로, 쉽게 생각해서 학교 교실 수업을 생각하면 될 듯합니다. 반면에 학습은 참여자가 능동적으로 본인의 부족한 부분을 보충하고 관심 분야에 몰입하는 개념으로 이해합니다. 물론 교육학에서 말하는 교육은 조금 더 깊은 의미를 담고 있습니다.

우선 동양적인 의미는 '맹자(孟子)'에서 찾아볼 수 있습니다. 동양에서 교육이라는 용어가 처음 등장하는 곳은 맹자(孟子)의 진심장(盡心) 상편(上篇)이라고 합니다. 군자의 즐거움이 무엇인가라는 질문에 맹자는, '온 세상의 뛰어난 인재를 모아놓고 이들을 가르치는 것'이 군자가 얻을 수 있는 세 가지 큰 즐거움 중의 하나라고 답변했습니다. 그때 나온 이 '교육(敎育)'이란 단어는 '가르칠 교(敎)'와 '기를 육(育)'으로 구성돼 있습니다. '교'는 '윗사람이 베풀고 아랫사람은 본받는다'라는 뜻이라고 합니다. 부모나 어른이 자녀나 아이들에게 필요하다고 생각하는 것을 지도한다는 의미죠. '육'은 '자녀를 길러 착하게 만든다', 혹은 '자녀를 착하게 살도록 기른다'라는 뜻이라고 합니다. 즉 교육이란, 미성숙하고 불완전한 자녀나 아이를 성숙한 인간이 될 수 있도록 가르치고 육성한다는 의미입니다. 하지만 이런 '교육'의 느낌은 유교 문화권의 특성을 반영한 수직적 분위기입니다. 어른이 아이를 일방적으로 가르친다는 느낌이 강합니다. 그러다 보니 종종 "너는 아빠 말만 들으면 돼!"라는 강압적인 표현이 등장하는지도 모릅니다.

그럼 서양은 어떨까요? 서양에서 교육을 뜻하는 대표적 단어로는, 영어의 pedagogy와 education, 불어의 léducation 그리고 독일어의 Erziehung이 있습니다. 그중 pedagogy의 어원은 그리스어의 Paidagogos인데, 이 말은 어린이를 의미하는 Paidos와 이끈다는 의미의 agogos가 결합된 합성어로서 '어린이를 이끈다'라는 뜻이라고 합니다. 다음으로, 영어의 education과 불어의 L'éducation은 그것의 동사인 educate가 라틴어의 educare에서 유래돼 educare는 '밖으로'라는 의미의 e와 '이끌어내다'라는 의미의 ducare가 결합돼 '밖으로 이끌어 내다'라는 뜻을 내포하고 있다고 합니다. 또한 독일어의 Erziehung도 동사 erziehen을 명사화한 것으로 '밖으로'라는 뜻을 나타내는 'e'와 '이끌어낸다'는 의미의 'ziehen'이 결합된 것입니다. 이런 단어의 의미를 따져보면 서양에서 말하는 '교육'은 아이의 내면에 있는 잠재능력을 이끌어 주려는 과정으로 이해할 수 있습니다.

동서양 교육의 개념과 의미를 단순하게 비교할 수는 없지만, 동양은 아무래도 장유유서(長幼有序) 등을 강조한 위계질서에 부합한 외양적인 부분을 강조한다면, 서양은 아동 개인 능력의 발달을 강조하는 듯합니다.

최근 국내에 등장하는 아동·교육 서적은 대체로 서양의 개념을 따르고 있습니다. 아무래도 '공자왈, 맹자왈' 보다는 상대적으로

과학적으로 접근한 서양 교육학이 합리적이라는 느낌이 들어서겠죠. 정답은 없겠지만, 지리적으로는 동양에서 살면서 서양적 가치체계를 배우면서 살아가는 우리들은 이 둘을 잘 융합해서 적절하게 활용할 수 있어야 한다고 생각합니다.

그리고 동서양 교육의 공통점도 있는데, 결국 성인의 일방적인 가르침으로부터 시작한다는 것입니다. 물론 무에서 유를 창조할 수는 없기에 처음에는 누군가의 가르침이 필요합니다. 그러나 현재 우리가 생각하는 이러한 교육에는 분명히 한계가 있습니다. 그래서 한계 이유에 대해서 몇 가지를 생각해 봤습니다.

첫째로 우리 교육은 과거의 유산입니다. 물론 시대가 변해도 변하지 않는 가치가 있습니다. 예를 들면, '생명 존중'과 같은 것이죠. 하지만 변하는 게 더 많습니다. 특히, 우리 자녀가 살아갈 세상은 더 빨리 변합니다. '도대체 보편적인 게 존재하긴 하는 것일까?'라는 의문이 생길 정도입니다. 이런 세상에서 현재 교육제도는 적절하지 않다는 게 대다수의 의견입니다. "제도적으로도 획기적인 대안이 없으니 그대로 유지되고 있는 것은 아닌가?" 라는 이야기가 계속 나오고 있는 상황입니다. 학교에서 아이들을 가르치는 선생님들 중에서도 이런 의견에 동의하시는 분들이 있다고 합니다.

학부모들과 종종 교육 시스템과 관련한 이야기를 나누면, 대다수가 선진국의 교육 시스템을 칭송합니다. 아무래도 선진국 시스템이 더 발전한 것처럼 보이니까요. 하지만 따져보면 좋은 점도 있고 좋지 않은 점도 있습니다. 그렇게 칭송하는 미국의 교육 시스템도 알고 보면 빈익빈 부익부의 민낯을 그대로 보여주기도 합니다(뉴욕에서는 좋은 유치원에 보내기 위해서 아이들에게 과외를 시킨다고 합니다). 그리고 현재 공교육에 대한 자성의 목소리가 큽니다.

둘째, 교육은 뒤처진 표준화입니다. 현대는 누가 뭐래도 개성시대입니다. 과거 연예인들의 인기 기준은 기본적으로 '선남선녀'였습니다. 그러나 현재는 그렇지 않습니다. 외모보다 개성이 더 중요합니다. 동서양을 막론하고 교육은 표준화를 지향합니다. 즉, 평균을 정해 놓고 상하(上下)로 나눕니다. 여기서 말하는 상위권은 국가나 사회가 정해 놓은 기준에 부합하는 인간형입니다. 그러나 이런 표준은 세상의 변화 속도가 지금보다 느릴 때나 가능했습니다. 4차 산업혁명 시대의 표준은 2차 산업혁명 시대, 3차 산업혁명 시대와 다를 수밖에 없습니다. 그럼에도 불구하고 우리 교육은 새로운 표준을 적시에 제안하지 못하고 있습니다. 아마도 새로운 표준을 정할 때쯤에는 또 다른 새로운 시대가 오고 있겠죠.

각종 스마트기기가 보편화된 후에 여러 학교에서 시범적으로 스마트기기를 활용해서 수업을 했습니다. 여전히 스마트기기 활용과 관련한 부분에서는 찬반 토론이 있지만, 최근에는 부정적인 견해가 더 많은 듯합니다. 정보화, 스마트화를 추구한다는 명목 하에 실행한 시범 교육의 실패가 눈앞에 선합니다. 이제 국가적인 차원에서 표준을 정하는 건 정말 어려워 보입니다.

셋째, 교육 자체가 급속한 변화에 적응하기 어려운 거대한

공룡입니다. 아무리 세상이 바뀌어도 학교는 쉽게 변하지 못합니다. 저는 첫째가 초등학교에 입학하자마자, 학부모 운영위원으로 등록했습니다. 그래서 현재도(2년 내내) 활동하고 있고요. 처음 운영회의가 있어서 학교에 갔는데 제가 과거로 시간여행을 온 듯했습니다. 시설이 조금 청결해지고 비품이 좋아진 걸 빼고 달라진 게 거의 없었습니다. 여전히 칠판과 분필이 있었고, 학부모 운영위원회가 열리긴 했지만, 두툼한 안건 목록을 형식상 통과시키는 기구에 불과했습니다. '내 학창 시절과 비교하면 많이 달라졌겠지.'라고 기대한 저 스스로가 민망할 정도였습니다.

　　　아무리 노력해도 공교육 자체는 쉽게 바뀌기 힘듭니다. 그래서 어쩔 수 없이 우리 아이들은 사교육 장으로 향합니다. 그러나 이런 사교육도 과거와 다르게 접근하지 않으면, 우리 아이들의 미래를 위하는 길과 엇갈릴 수도 있습니다.

학습 시간이 많아야 합니다

1만 시간의 법칙으로 유명한 말콤 글래드웰(Malcolm Gladwell)의 『아웃라이어』에서는 연주자들의 레벨을 나누면서 레벨을 결정하는 중요한 요인으로 '연습 시간'을 꼽습니다. 그 근거로 엘리트 수준에 도달한 연주자들은 그 바로 아래 단계의 연주자보다 하루에 평균 30분 이상 더 연습했다는 통계를 제시합니다. 그들이 같은 학원에 다니고, 같은 교육을 받는다고 생각할 때 결정적 차이는 연습 시간에 달렸다는 의미입니다. 하루 30분은 별거 아닌 거 같습니다. 하지만 1년 이상 쌓이면 무시할 수 있는 시간이 아닙니다. 1년을 300일로 계산해도 9,000분에 이릅니다. 시간으로 150시간이며, 150시간은 거의 1주일에 가까운 시간입니다.

안아는 여섯 살 때부터 영어 유치원에서 제공하는 영어책을 읽었습니다. 수준에 맞춰 읽으니 하루 30분이면 한 권 정도는 거뜬히 읽을 수 있었습니다. 영어 실력이 크게 향상된 건 아니더라도 적어도 지식은 쌓였습니다. 그렇게 1년 정도 읽으니, 같은 반 친구들과 비교했을 때 더 높은 레벨의 글을 읽을 수 있게 됐고요. 당장 어떤 결과가 나온 건 아니지만 독서는 굉장히 중요한 활동입니다. 안아는 현재 초등학생이 돼서도 책은 꾸준히 읽습니다. 종종 영어책도 읽고요.

농구 대통령이라 불리는 허재 감독은 자신의 성공은 20%가 재능이고 80%가 노력이었다고 인터뷰한 적 있습니다. 친구들과 늦게까지 놀고 들어간 날도 그냥 넘어가지 않고 남모르게 더 연습했다고 합니다. 결국, 그 차이가 허재 감독을 대한민국 최고 선수가 되게 한 것이죠.

저는 이런 연습을 학습이라고 생각합니다. 학습(Learning)을 생각하면 우선 교육이 떠오르면서 학교에서의 공부를 생각합니다. 그러나 학습은 이보다는 넓은 개념입니다. 태어나서 학습 없이 할 수 있는 행동은 거의 없습니다. 인간은 학습을 통해서 다양한 행동들을 배웁니다. 일상생활에서 보고, 듣고, 모방하는 것 대부분

이 학습의 범주에 속합니다. 그 범주를 조금 좁히면 부모님, 선생님, 선배 등 다른 사람들에 의해서 일방적으로 제공되는 배움의 영역이 아닌, 혼자서 하는 배움의 영역으로 이해할 수 있습니다. 최근 어디서나 볼 수 있는 '자기 주도적 학습'이라는 문구가 대표적인 표현이고요.

학습은 개인의 발전뿐만 아니라 국가와 사회의 발전을 위해서도 중요합니다. 노벨경제학상을 수상한 조지프 스티글리치의 『창조적 학습사회』에서는 앞으로 계속 발전할 수 있는 국가와 사회의 조건으로 주저 없이 '학습'을 말하고 있습니다. 지금까지 국가와 사회에서 제공했던 교육의 영역을 넘어서 꾸준한 학습이 이뤄지는 사회가 발전할 수 있다는 의미입니다.

하지만 과연 우리 부모들은 어떻게 생각하고 있을까요? 여전히 구태의연(舊態依然)한 교육 방법을 고수합니다. 그 교육 방법의 출처는 대부분 본인의 경험과 누군가에게 전해 들은 이야기입니다. 글로 따지면, 참고문헌 없이 개인의 상상력으로 쓴 문장인 셈입니다. 요즘 쓰는 말로 뇌피셜이라고 할 수 있죠. 주로 카페에서 나눠지는 이야기입니다(모든 이야기가 그렇다는 의미는 아닙니다).

자녀의 교육은 학교, 학원에서 이뤄질 수 있지만, 학습은 부모가 관리해줘야 합니다. 그 첫 단계가 바로 부모 학습입니다. 누군가에게(지인, 주변 인물 등) 들은 이야기, 대충 훑어본 자료만으로는 제대로 학습 지도를 할 수 없습니다.

우리 아이를 가장 잘 아는 사람은 바로 부모입니다. 그렇게 돼야만 합니다. 그리고 엄마만, 아빠만이 아니라 둘 다 잘 알고 있어야 합니다. 그러고 나서, 자녀에게 적합한 학습 지도를 시작해야 합니다. 다른 가정의 사례는 참고만 하는 게 좋습니다. 정보교류를 목적으로 카페에 앉아있기보다는 혼자서 관련 도서를 찾아보는 게 더 유익합니다.

독서와 관련한 학원은 제가 결혼할 때부터 있었으니 최소한 10년 전에는 생겼습니다. 독서 자체가 그만큼 중요하다는 것이죠. 그런데 집에서 읽는 책과 학원에서 읽는 책이 다를까요? 부모는 집에서 왜 독서 지도를 해 줄 수 없을까요? 바빠서? 아니면, 독서를 싫어해서? 전문성 있게 가르치고 싶어서? 독후 활동에 대한 아이디어나 정보가 없어서? 여러 가지 이유가 있겠지만, 이것 역시 누군가의 '~하더라'에 이끌린 게 아닐까요?

새로운 교육의 표준을 찾아서

아내와 저는 학교 다닐 때 공부를 잘했습니다. 아내는 서울대 법학과를 우수한 성적으로 졸업했고, 저는 연세대 정치외교학과를 졸업했습니다. 아내는 대구시에 살면서 사교육을 적절히 활용했지만, 저는 재수학원을 제외하고는 학습과 관련한 학원에 다니지 않았습니다. 이유는 학원이 없는 그야말로 '깡촌'에서 살았으니까요. 그래서 아내와 저의 학습 방법이 다릅니다. 하지만 우리의 공부 방법을 안아한테 적용하지 않습니다. 물론 주아한테도 적용하지 않을 거고요.

이유는 간단합니다. 시대가 달라졌습니다. 그리고 '대학'이 갖는 가치와 위상이 우리 때와 너무 다릅니다. 스스로 대학에 가지 않겠다고 하는 학생도 꽤 있습니다. 대학이 상장처럼 느껴졌던 우리 세대가 아닙니다. 그러니 기본적인 교육(언어, 기본 수학, 컴퓨터)을 바탕에 깔고, 하고 싶은 일을 할 수 있도록 지원하는 게 맞지 않을까요? 고개는 끄덕여지지만, 당장 성적표를 보면 그렇게 하기 힘든 게 현실입니다.

부모들이 새롭게 시작할 게 참 많습니다. 아이들이 보고, 듣고, 만지고, 유행하는 것들도 살펴봐야 하고, 그러면서 아이들의 창의력을 키워주기 위한 노력도 해야 합니다. 학습이라고 해서 책상 앞에서 책만 읽는 게 아닙니다. 아이와 함께 할 수 있는 장르를 찾는 것도 중요합니다.

저는 안아와 책을 한 권 썼습니다. 그리고 최근에는 독서 리뷰 유튜브 채널도 운영하고 있습니다. 자녀와 함께 책을 만들었다는 건 쉽게 '좋은 일'이라고 생각할 수 있습니다. 그런데 유튜브는 조금 생소할 수 있죠. 저도 처음에는 유튜브를 긍정적으로 생각하지 않았으니까요. 독후 활동으로 글을 쓸 수도 있습니다. 하지만 말로 할 수도 있습니다. 저는 질문을 만들고, 안아는 답을 합니다. 그러면서 줄거리도 요약하고 핵심 내용도 생각합니다. 처음에는 어색한 문장이 나열되지만, 연습하다 보면 스피치(speech) 연습도 됩니다. 조회수와 구독자가 늘지 않더라도 안아의 실력은 영상을 찍으면 찍을수록 향상되고 있습니다.

그리고 이러한 학습(유튜브 독서리뷰)의 계기는 역시 아빠의 학습에서부터 시작했습니다. 몇 년 전 독서를 하던 중이었습니다. 현재 내로라하는 기업의 대표들이 생각하는 젊은 직원들의 문제점과 관련한 부분을 읽게 됐습니다. 그들이 생각하는 문제점은 젊은 직원들이 자신의 생각을 '글'과 '말'로 제대로 표현하지 못한다는 것이었습니다. 이 사실을 아빠가 알았으니, 딸들에게 글쓰기와 말하기를 가르치는 것이죠.

언제 학습을 시작할까?

안아는 4살 때 약 1년 정도 어린이집에 다녔습니다. 그 외에 정기적으로 참여한 프로그램은 없습니다. 문화센터에서 여러 가지 프

로그램을 잠시 경험하긴 했지만, 저는 주로 안아와 함께 책 읽고, 손잡고 산책하고, 놀이공원에 놀러 다녔습니다.

한글은 교육 방송에 나오는 '한글이 야호 2'를 보면서 배우기 시작했는데, 몇 개월 지나자 대부분의 글씨를 읽을 수 있었습니다. 덕분에 한글 가르치는 수고를 덜었죠. 그렇다고 해서 책을 읽히거나 다른 교육을 더 하지도 않았습니다. 칼 비테의 아버지께서 이 상황을 봤다면, 저를 크게 나무랐을 거 같습니다. 주마가편(走馬加鞭)을 언급하면서 더 달리라고 조언했을 것입니다.

당시 저는 안아가 숫자를 세고, 한글을 읽는 게 신기했고 그걸로 만족했습니다. 어차피 조금 지나면 어린 시절이 사라질 테니 그 시절을 마음껏 즐길 수 있게 해 줬습니다. 이후에 그 시절 안아와 산책하면서 쓴 글들을 정리해서 안아랑 같이 『아빠, 낮에도 달이 떴어요!』라는 책으로 만들었습니다.

안아가 다섯 살이 됐을 때 개인적으로는 일반 유치원에 보내고 싶었지만, 아내와 상의 끝에 영어 유치원에 보내게 됐습니다(영어는 어쩔 수 없이 필수니까 일찍 시작하는 게 낫다는 생각입니다. 단, 아이가 싫어하지 않는다면요). 영어 유치원도 여러 종류가 있는데, 분류 기준은 '타이트'함이었습니다. 예를 들어 어떤 유치원은 매일 단어 시험을 치렀습니다. 그리고 안아가 다닌 유치원처럼 외국 유치원 시스템을 그대로 옮겨 놓은 곳도 있었고요.

우리 부부는 안아가 영어를 흥미롭게 접하길 바랐기 때문에 가장 편하게 다닐 수 있는 영어 유치원에 보냈습니다. 보내기 전에

둘째는 아빠가 다 키웠어요

제가 유치원에 가서 시설을 확인하고 상담을 받은 후, 안아를 데리고 가서 만족도를 확인했습니다.

"여기가 안아가 다섯 살이 되면 다닐 유치원이야! 마음에 들어?"

혹시 아이가 마음에 들지 않는다고 하면, 보내지 않을 생각도 있었습니다. 그런데 안아가

"응, 다니면 좋을 거 같아."

라고 대답했습니다. 이후에도 한 차례 더 방문해서 안아의 생각을 확인했고, 그렇게 안아의 '영유' 시절이 시작됐습니다.

처음에는 새로운 곳에 대한 적응도 힘들고, 낯선 영어를 경험해야 하니, 매일 눈물바다였습니다.

"가기 싫어! 엉엉!"

유치원 보내는 게 '어린 송아지 도살장 보내는 것 같구나!'라는 생각이 들 만큼 참 어려운 시기였습니다. 안아만 그랬던 것은 아닙니다. 대부분 아이가 그랬습니다. 이런 상황에서 저는 '이렇게까지 하면서 '영유'를 꼭 보내야만 하나?'라는 생각을 하루에 열두 번도 더 했습니다. 영어를 배우기는커녕 아이의 성격까지 나빠질 것 같았으니까요.

하지만 한 달이 지나자 안아를 비롯한 아이들이 적응했습니다. 적응하고 나니 유치원 가는 걸 즐거워했습니다. 영어 실력이 크게 향상돼서 즐거워한 게 아닙니다. 알파벳도 제대로 못 썼으니, 분명 영어가 좋아져서 유치원 가는 걸 좋아했던 것은 아닙니다. 친

구가 좋아지니 유치원도 즐거웠던 것이죠. 그리고 저도 그렇게 적응한 안아의 모습에 만족했습니다. 종종 담임 선생님이 온라인 텍스트를 읽도록 지도해 달라고 했지만 저는 그렇게 하지 않았습니다.

"네 알겠습니다."

라고 대답만 했습니다. '우리 딸은 다섯 살이다. 다섯 살이 누려야 할 것이 있다. 그것은 즐겁게 노는 것이다!'라고 생각했죠. 그래서 놀이공원 연간회원권을 들고 다니면서 열심히 놀았습니다. 일주일에 2 - 3번은 꼭 놀이공원에 가서 신나게 놀이기구를 태워줬습니다. 그 덕에 초등학생이 된 안아는 놀이공원에 가자는 말을 잘하지 않습니다.

그리고 종종 안아가 좋아하는 책을 읽어 주면서 독서를 유도하긴 했지만(잘 읽지 않았습니다) 충분한 자유시간을 주고, 원하는 것을 할 수 있도록 도와줬습니다. 조기 교육의 열광적인 지지자들은 아마도 이런 제 교육 방법을 이해하지 못할 것입니다. "그렇게 하면 안 돼!"라고 질책할지도 모르겠습니다. 그러나 생각해 보세요. 다섯 살밖에 안 된 안아가 오전 9시부터 오후 3시까지 유치원에 있다가 돌아옵니다. 그런 아이에게 다른 걸 더 요구하는 게 옳은 걸까요? 어른들도 그 정도 일하다가 돌아오면 널브러져서 쉬지 않을까요?

안아에게 자유로운 시간을 충분히 줬습니다. 그리고 다양한 경험을 할 수 있도록 해주었고요. 시내의 가장 큰 서점에 가서 처음으로 책을 고르고 사기도 했고, 과학관이나 미술관 같은 곳도 다녀왔습니다. 종종 극장에 데려가서 아주 큰 뽀로로 친구들도 만나게 해 주었고요. 그렇게 안아의 '영유' 시절 1년이 지나갔습니다. 낯선 영어도 조금 익숙해지고, 통원 버스도 충분히 적응됐다고 판단했습니다. 그래서 아빠 마음에 '이제 새로운 걸 시도할 때가 됐다.'라는 욕망이 타올랐습니다.

여섯 살 아이, 30분이면 충분합니다

부모들은 잔소리를 하면서 "넌 도대체 누굴 닮아서…"라는 말을 합니다. 그리고 모든 부모는 이 질문의 답을 아주 잘 알죠. 바로 '나'를 닮아서 그렇다는 걸요.

안아는 기본적으로 아주 성실한 아이입니다. 시키는 걸 잘하려고 노력하고, 열심히 하려고 합니다. 물론 평소 교육 방침도 '성실'과 '최선을 다함'에 중점을 뒀고요.

"아빠는 안아가 잘하는 것도 중요하지만 열심히 최선을 다하는 게 더 중요하다고 생각해."

이런 마음은 지금도 변하지 않았습니다. 물론 아이가 잘해서 두각을 나타내면 당연히 기분은 좋습니다.

'영유'를 즐겁게 오고 가기만 하던 시절이 지나서 여섯 살이 되니, '영유'에서 간단한 레벨 테스트를 했습니다. 영어 독서 수준을 알아야 수준에 맞는 책을 읽힐 수 있었으니까요. 숙제가 전

혀 없었는데 이제는 수준에 맞는 영어책을 집으로 가지고 왔습니다. 10쪽 남짓한 작은 책이었기 때문에 아이한테 크게 부담스러운 숙제는 아니었죠. 나중에 알게 된 사실이지만, 이 책도 꾸준히 읽어 간 아이들이 별로 없었습니다. 어쨌든 테스트 결과가 나왔는데 최저 단계였습니다. 물론 그럴 수 있다고 생각했습니다. 안아의 수준이 낮으면 당연한 일이라고 생각했으니까요.. 하지만 원인을 분석해보니 레벨 문제가 아니었습니다. 아마도 처음으로 테스트라는 걸 해봐서 어떻게 해야 할지 잘 몰랐던 거 같았습니다. 그래서 담당 선생님께 전화해서 테스트와 관련한 부분을 상담했고, 선생님 역시 안아의 수준을 고려할 때 조금 낮은 레벨이 나왔다고 답변해주셨습니다. 최저 레벨이니 더 아래는 없었습니다.

상담 이후 주말에 안아와 테스트 준비를 했습니다. 안아가 유치원에서 치렀던 유형과 비슷한 수준의 영어 낱말 카드를 보여주면서 읽게 했습니다. 교육 방법을 잘 알지 못하는 아빠는 몇 번 시켜 보다가 잘 하지 못하니까 인내하지 못하고 강압적으로 시켰습니다. 결국, 여섯 살 안아의 눈에서 애처로운 눈물이 흘러내렸습니다. 여섯 살 아이가 영어 단어만 보고 제대로 읽는 게 쉬울까요? 저의 경우를 생각해 보면, 중학교 때도 잘하지 못했던 일을 '영유' 1년 다녔다는 이유로 잘하기를 바랐으니…

처음부터 강압적으로 하려던 건 아니었습니다. 하지만 안아와 함께 공부하면서 답답함을 느꼈습니다. 자녀가 뜻대로 따라주지 않을 때, 느끼는 그런 답답함이었죠. 이런 경험이 처음이었기

때문에 친절하게 안아를 가르칠 수 없었습니다. 지켜보던 아내도 짜증을 내면서 저에게

"제발 그만 좀 해!"

라고 소리를 질렀습니다. 그러더니 본인이 낱말 카드를 집어 들고 안아와 함께 공부하기 시작했습니다. 결론적으로 저와 아주 많이 다른 모습은 아니었습니다.

그렇게 주말을 보내고 난 후, 다시 테스트를 치러서 수준에 맞는 레벨에 올라갈 수 있었습니다. 이후 안아는 매일 영어 독서를 했습니다. 분량이 많은 건 아니었지만, 매일 듣고 읽는 학습을 꾸준히 진행했습니다. 물론 쉬는 날에는 철저히 자유시간을 줬고요. 주말에는 아무것도 하지 않고, 안아가 원하는 걸 할 수 있었고 여전히 평일에는 놀이동산에 자주 놀러 갔습니다. 그리고 아이의 생활 패턴을 고려해서 아침 시간에 영어 독서를 했기 때문에 오후에는 안아가 원하는 프로그램을 할 수 있었습니다.

하루에 30분 정도의 학습 시간이면, 짧은 영어 글을 읽을 수 있었습니다. 그리고 그 30분이 1년 이상 쌓이니 꽤 높은 레벨의 글도 읽을 수 있었고요.

싫어! 배우고 싶어! 안 배워도 돼!

저는 피아노를 좋아하지만 연주는 못 합니다. 중학교 시절에 피아노 학원, 한 달 다닌 게 전부입니다. 그런데도 피아노 연주 듣는 걸

좋아하고, 연주할 수 있는 사람을 동경합니다. 이런 경우 부모는 아이를 피아노 학원에 등록시키고 다니기를 종용합니다. 하지만 저는 그렇게 하지 않았습니다. 우선 안아의 뜻을 물었습니다.

"안아야, 이제 여섯 살이니까 피아노 배워볼까?"

"아니, 난 피아노 학원은 안 다닐 거야. 발레 배우고 싶어."

사실 조금 실망스러웠습니다. 안아가 피아노 연주하는 모습을 빨리 보고 싶었는데, 그 바람을 잠시 뒤로 밀어둬야 했으니까요. 하지만 일단 아이의 의견을 존중해 주기로 했습니다. 당장 다니지 않아도, 다음 달 아니면 몇 달이 지나면 마음이 바뀔 수도 있었으니까요. 그래서 일단 발레학원을 알아보기 시작했습니다. 아빠의 본향이 아닌 낯선 곳에서 생각하지 않았던 아이의 학원을 찾자니 쉽지 않았습니다. 그래도 아이가 발레 배우기를 원하니 열심히 집 주변과 유치원 근처 학원을 검색했습니다. 그리고 그중에 한 곳을 선택했는데, 다행히 안아와 친한 친구가 다니고 있었습니다.

유치원을 마치자마자, 안아를 데리고 발레학원에 갔습니다. 일주일에 2회였기 때문에 큰 부담이 없었습니다. 안아도 즐겁게 발레를 배웠고요. 그러던 어느 날 발레학원 대기실에서 안아를 기다리다가 발레 하는 모습을 보고 싶어서 투명한 창으로 잠시 살폈습니다. 그런데 유치원 친구와 장난치느라 집중하고 있지 않았습니다. 아이들 입장에서는 당연히 친구와 놀고 싶었겠죠. 하지만 엄연히 배우는 시간에 집중하지 않는 것은 잘못이라고 생각했기에 수업이 끝나고 나서 호되게 꾸중했습니다.

"안아야, 발레를 배울 때는 집중해야 해! 그런데 아빠가 보니까, 친구랑 노느라 집중하지 못하더라. 그렇게 할 거면 안 하는 게 나아! 아빠가 잘하는 것보다 더 중요한 건 열심히 최선을 다하는 거라고 했지? 그런데 안아는 열심히 하지 않았어."

안아도 집중하지 않았다는 사실을 인정했습니다. 그리고 울면서

"앞으로 집중 잘할게요!"

라고 말했습니다. 이후 안아는 자신의 말을 잘 지켰습니다. 가끔 선생님께

"안아 집중 잘하나요?"

라고 여쭤보면 언제나

"네. 집중은 정말 잘해요."

라는 답을 들을 수 있었습니다. 그렇게 몇 달이 흘렀습니다. 새로운 학기가 시작할 무렵, 저는 다시 안아한테 피아노를 권유했습니다.

"안아야, 피아노 학원도 다닐까?"

"아니, 안 다닐 거야."

"그럼, 언제 다닐 거야?"

"난, 여덟 살 되면 피아노 학원 다닐 거야."

여섯 살 아이가 2년 후를 예약합니다. 이 말을 곧이곧대로

둘째는 아빠가 다 키웠어요

믿는 아빠가 몇이나 있을까요? 하지만 전 믿었습니다. 그리고 안아는 2년 지난 후에 정말로 피아노 학원에 다니고 있습니다. 그것도 아주 열심히, 즐겁게요.

우리 부부는 사교육을 선호하지 않습니다. 단, 부부가 가르쳐 줄 수 없는 건 사교육의 힘을 빌리기로 합의했습니다. 그래서 어린 시절부터 셈을 가르치고, 과학 학원에 다니는 아이들과 달리, 주로 예체능에 집중하고 있습니다. 종종 안아 또래의 부모(주로 엄마)들과 이야기하면, 피아노나 미술학원 등은 고학년이 되면 정리할 거라고 합니다. 자녀 교육의 관점이 다를 수 있으니 틀렸다고 할 수는 없습니다. 물론 저는 아이들이 원하면 꾸준히 다니게 할 생각입니다. 분명 음악과 미술은 '국영수'가 줄 수 없는 삶의 풍성함을 줄 수 있을 테니까요.

발레를 몇 개월 다니면서 적응이 됐다고 생각하니 새로운 걸 배웠으면 하는 바람이 생겼습니다. 피아노는 싫다고 했으니, 미술을 권유했죠. 그런데 안아는 미술도 거절했습니다.

"안아야, 피아노 학원은 나중에 다닌다고 했으니까,
미술 학원은 어때?"

안아의 대답이 정말 걸작이었습니다.

"난, 안 다녀도 돼. 난 그림을 아주 잘 그리거든."

솔직히 그림을 잘 그리는 편이 아니었습니다. 그런데 어릴 때부터 그림을 그려서 어른들께 보여주면 다들 칭찬하니 어린 마음에 '난 그림을 잘 그리나 보다.'라는 생각이 심어졌나 봅니다. 몇 번을 권해도 같은 대답이 돌아왔습니다. 그렇다고 "넌 그림 못 그린다니까!"라고 말할 수도 없었습니다. 이대로 포기해야만 하는 걸까요? 아니면 이번에는 강제적인 힘이 필요한 걸까요?

둘째는 아빠가 다 키웠어요

경험은 참 좋은 교육 입니다

저는 운 좋게도 중·고등학교 시절 은사님 몇 분을 종종 찾아뵙고 있습니다. 아마도 마흔이 넘은 나이에 선생님을 꾸준히 뵙고 지내는 제자는 그리 많지 않을 듯합니다. 그중 한 분은 중학교 시절 저의 담임 선생님이셨고, 미술 과목을 담당하셨습니다. 그래서 퇴직 전에는 펜으로 그림을 그려서 은퇴 전시회를 개최하셨습니다. 마침 휴가 기간이 전시회 일정 중에 있어서 가족들과 함께 전시회에 갔습니다. 펜으로 정성스럽게 그려진 정밀화를 보니, 저같이 그림을 잘 그리지 못하는 사람은 그저 감탄만 할 뿐이었습니다. 그리고 은퇴를 앞두고 대작업에 도전한 선생님을 다시 우러러보게 됐습니다.

"선생님 정말 고생 많으셨네요. 언제 이렇게 많은 작품을 그리셨어요?"

"시간 날 때마다, 계속 그렸지. 그리고 펜 화는 한 번만 실수해도 다시 그려야 하니까 작업이 꽤 까다로웠지."

아내와 안아도 천천히 작품을 감상했고, 아내와 상의해서 작품을 한 점 구매하기로 했습니다.

"선생님 작품 하나를 집에 가져가고 싶습니다."

처음에는 거절 의사를 보이셨지만, 결국 제자의 간청에 작품을 주시기로 했습니다. 그렇게 한 작품을 가져가는 것으로 합의하

고 떠나려 했는데, 갑자기 안아가

"아빠, 저 그림 갖고 싶어요!"

라고 말합니다. 그 그림은 전통 사찰이 정밀하게 표현된 작품이었습니다. 이미 우리 부부는 작품을 골랐기 때문에 안아를 설득했습니다.

"안아야, 엄마랑 아빠가 이미 한 작품을 샀어. 그러니까, 안아는 여기서 감상한 것으로 만족하자."

하지만 여섯 살, 안아의 고집은 쉽게 꺾이지 않았습니다. 결국, 우리 부부는 안아가 고른 작품까지 구매했습니다. 선생님께서는 멋쩍어하시면서 그림에 판매됐다는 스티커를 붙이셨습니다. 그렇게 전시회를 관람하고 이제 집으로 가는 차에 올라탔습니다. 시내를 빠져나와 고속도로에 들어서자 안아가

"아빠, 미술학원 다니고 싶어!"

라고 합니다.

"응? 미술학원?"

"응. 아까 그림을 보니까, 그림을 잘 그리고 싶어졌어."

그동안 아빠의 애절한 권유는 무시하더니, 처음 전시회를 관람하고 나서 스스로 미술학원에 다니겠다고 요청한 것이죠. '백문불여일견(百聞不如一見)'이라는 말이 있습니다. 백 번 듣는 것보다 한 번 보는 게 낫다는 말인데, 경험이 그만큼 중요하다는 의미입니다. 아이에게 있어서 경험이라는 학습이 얼마나 중요한 것인

지를 제대로 깨달은 순간이었습니다.

이후 휴가가 끝나자마자, 미술학원에 등록했습니다. 아이의 마음이 변하기 전에 얼른 등록한 것이죠. 이제 안아에게 새로운 교육이 시작됐습니다. 영어도 배우고, 발레도 하고, 미술도 해야 했습니다. 물론 발레와 미술은 1주일에 2시간이 채 되지 않는 시간이었지만, 여섯 살 안아한테는 절대로 짧은 시간이 아니었습니다.

자녀 교육에서의 원칙

대개 아이들은 놀 때 시간이 가는 줄 모르고 즐깁니다. 그 체력을 성인이 감당하기 힘들죠. 하지만 하기 싫은 일을 할 때 아이들의 집중력은 성인과 비교할 수 없을 정도로 짧습니다. 그러면 부모들은 아이의 시간의 상대성 원리에 대해서 지적합니다.

"너는 놀 때는 시간 가는 줄 모르더니, 공부만 하라고 하면 5분을 못 넘기니 원."

그런데 이런 시간의 상대성 원리는 어른도 마찬가지라는 사실을 부모도 잘 알고 있습니다. 다만, 어른은 재미없는 일이라도 조금 더 책임감을 짊어지고 묵묵히 할 뿐이죠. 부모가 아이에게 특히, 공부와 관련한 지도를 하려면 무한한 인내심을 가져야 합니다. 그리고 인내심의 바탕에는 부모의 기준이 아니라 아이 나이를 고려한 기준이 있어야 하고요.

초등학교 한 교시가 40분입니다. 대학생이 돼도 한 교시 기

둘째는 아빠가 다 키웠어요

준이 50분이라는 걸 생각해 보면, 아이들은 굉장히 긴 시간 동안 집중하기를 요구받고 있는 셈입니다. 나이만 따져본다면, 15분만 집중할 수 있어도 굉장한 일이라고 할 수 있습니다. 물론 이렇게 글을 쓰는 저도 10분도 안 돼서 일어나는 안아를 보면 잔소리를 합니다. 이게 현실이죠. 방에서 공부하면서 밖에서 나누는 이야기를 다 듣는 우리 딸(그 청력을 칭찬해 줘야 할까요?). 그래도 최근에는 나름대로 계획을 세워 할 일을 합니다. 아이들에게 듣기 싫은 잔소리가 때로는 교육일 수 있다는 점. 그래서 싫은 소리도 과감하게 할 줄 알아야 합니다(조금 어색한 변명이네요).

그래서 자녀를 교육할 때는 원칙이 있어야 합니다. 저의 원칙은 '성실함'과 '최선을 다함'이었습니다. 아이들에게 성실함과 최선 다함을 늘 강조했고 부모도 함께 성실하게 최선을 다하려고 노력했습니다. 어차피 천재가 아닌 이상 아이들의 잘하는 수준은 절대적이지 않습니다. 자녀가 천재적이라고 생각했던 분야도 아이의 성장과 함께 평범한 수준이 되기도 합니다. 천재성이 있다고 하더라도 학교 교육에 집중하는 현 시스템 속에서는 소멸할 수밖에 없고요. 일시적 천재성에 기대하지 말고, 평범한 '성실함'을 가르쳐 주는 게 낫다고 생각합니다.

저보다 나이가 열 살 이상 많으신 분의 이야기입니다. 자녀가 어린 시절에 '그리스 로마 신화'를 읽고 신 이름을 잘 외웠다고 합니다. 그래서 속으로 '우리 딸, 재능이 있네. 똑똑해!'라고 생각하셨고요. 그런데 그런 생각은 아이가 학교에 다니면서 자취를 감췄

다고 합니다. 공부를 썩 잘하지 못했으니까요.

안아도 '그리스 로마 신화'를 읽고 그 어려운 신 이름을 잘 외웁니다. 그렇다고 해서 저는 안아를 천재라고 생각하지 않습니다. 대신 읽는 데 그치지 않고 리뷰할 수 있도록 도와주고 있습니다. 그렇게 탄생한 유튜브 채널이 '리뷰 anna'입니다. 안아가 어떻게 성장하고 발전할지 전 잘 모릅니다. 하지만 성장하고 발전할 수 있도록 성실하게 도와주려고 합니다.

요즘 아이들답게 안아도 즉흥적인 아이디어가 좋습니다. 하지만 아직 여러 경험이 부족하다 보니 아이디어를 기획으로 옮기지는 못합니다. 그래서 저는 아이들의 아이디어를 기획으로 옮깁니다. 언제라도 "아빠, 이건 영상 찍으면 좋을 거 같아요!"라고 말하면, 바로 찍고 편집해서 유튜브에 올립니다. 그리고 콘텐츠가 괜찮을 듯하면 계속 유사한 영상을 찍고요. 유튜브 크리에이팅을 해보신 분들이 많아서 잘 아시겠지만 쉽지 않은 일입니다. 하지만 성실하게 하려고 애쓰고 있습니다. 저는 이런 활동도 공부하는 거로 생각합니다. '국영수'를 중심으로 한 교과서만 공부 콘텐츠가 아니니까요.

얼마 전에 주아도 따로 영상을 찍었습니다. 보통은 언니랑 같이 찍었는데, 혼자 찍는다고 하니,

"아빠, 혼자 영상 찍으니 떨려요!"

라고 말하네요. 별거 아닌 영상인데도 네 살 아이한테는 큰 부담이었나 봅니다. 30분 가까이 쉬지도 않고 찍었습니다. 중간

중간 계속 질문해주고, 하는 활동에 칭찬해줬습니다. 네 살 아이가 30분 동안 학습활동에 집중하는 게 쉬운 일일까요? 아마도 평소처럼 했다면 5분이나 했을까요? 촬영이 끝나고도 많이 격려해줬습니다. "주아는 혼자서도 잘하네!", "와! 정말 잘했다!"라고 오버하며 자신감을 북돋아 줬습니다. 그랬더니 다음 영상이 기대된다고 합니다. 부담되고 떨리지만, 성취감을 또 느끼고 싶은 거겠죠. 아이들과 성실하게 대화하고 활동하다 보면 새로운 방법으로 학습할 수 있는 콘텐츠도 찾을 수 있고 아빠의 노력하는 모습을 보면서 성실함도 자연스럽게 배울 수 있으리라 생각합니다.

또 새로운 배움을 시작할 때(피아노, 미술 등) 자녀와 진지하게 대화해야 합니다. 다른 아이들이 한다고 해서 할 필요도 없고, 자녀의 즉흥적인 마음을 다 받아줘서도 안 됩니다. 그래서 자녀와 계속 대화해서 성향을 파악하고 있어야 합니다. 아이들의 생각을 100퍼센트 존중하는 것도 바람직하지 않고, 그렇다고 무시해서도 안 됩니다. 부모가 적절히 판단해야 합니다. 부모로서 '적절한' 판단을 하는 스킬은 절대 한순간에 익힐 수 없습니다. 꾸준히 아이들과 이야기하면서 시행착오를 거쳐야 조금씩 나아집니다. 때로는 밀어붙여야 할 때도 있고, 반대로 포기해야 할 때도 있습니다.

아이들이 뽀로로를 볼 때처럼 다양한 분야에 몰입할 수 있다면 정말 좋겠지만 현실은 그렇지 않습니다. 아이들이 간절히 원해서 학원에 등록해주면 얼마 되지 않아서 "힘들어!"라고 하면서

그만두려고 합니다. 이때 부모는 갈등합니다. '내 아이가 싫어하는 걸 더 시킬 필요 있을까?' 혹은 '아이가 싫다고 해도 그냥 강행하는 게 나을 거 같아. 나중에는 다 도움이 될 테니까.'

정답은 없습니다. 아이마다 다르게 조치해야 합니다. 때로는 그만두게 하는 게 답일 수도 있고, 그 반대일 수도 있습니다. 그리고 아이가 원해서 시작한 활동과 부모가 결정해서 시킨 활동도 구분해야 하고요.

안아가 다닌 영어 유치원은 우리 부부가 같이 상의하고 결정해서 보냈습니다. 처음에는 정말 가기 싫어했습니다. 하지만 어린이집에 보낸 경험이 있었기에 방법을 찾을 수 있었습니다. 어린이집도 안아가 적응할 때까지는 같이 울면서 보냈습니다.

이런 경험이 있었기에 '영유'에 보낼 때도 '어차피 일반 유치원 적응도 마찬가지일 거야!'라고 생각했습니다. 결과적으로 한 달 정도 지나서 친구들과 친해지고 적응이 되니 잘 다녔습니다. 혹, 더 많은 시간이 소요됐다면 등록 자체를 다시 검토했을지도 모릅니다.

아이가 원하는 활동이든 부모가 결정한 활동이든 원칙이 필요합니다. 저는 3개월, 약 100일을 기준으로 삼았습니다. 이 기간 이후에도 아이가 부정적인 반응을 보이면 과감하게 포기하기로 했습니다. 단, 그전에 그만두려 하면 설득 과정을 거쳤고요.

학원 교육으로 발레를 처음 시작했습니다. 당연히 안아가 간절히 원해서 보낸 것입니다. 하지만 그림책에서 본 발레는 발레리

나의 예쁘고 화려한 모습만 볼 수 있었습니다. 하지만 본인이 직접 해보니 어렵고 힘들었나 봅니다. 결국, 한 달 정도 다니더니

"아빠, 발레 그만하면 안 돼?"

라고 묻습니다. 당연히 저는 안아를 설득하기 위해서 저의 원칙을 설명했습니다.

"발레는 안아가 하고 싶다고 한 거잖아. 그리고 뭐든지 처음에는 힘들 수 있지만, 적응하면 괜찮을 거야! 아빠 생각에는 3개월 정도 다녀보고 나서도 하기 싫으면, 그때 그만두는 거 다시 생각해 볼게."

안아는 마지막 수단인 눈물로 호소했지만, 저는 원칙을 꺾지 않았습니다. 물론 이런 원칙도 아내가 동의해주지 않았다면 소용없었겠죠. 당연히 안아는 엄마한테도 자신의 마음을 전달했습니다. 그 말을 들은 아내는 저와 이야기했고요. 결론적으로 제 원칙에 동의해주었습니다. 이제 아내도 안아의 호소에 저와 같은 이야기를 하게 됐고요. 자연스럽게 안아가 자신의 바람을 포기해야 했습니다. '공동 양육'의 효과가 드러나는 순간이었습니다.

엄마와 아빠 말이 다르면 아이는 당연히 본인에게 유리한 부모에게 의지할 게 뻔합니다. 우리 부부는 안아의 교육 문제와 관련해서 의견을 자주 교환했고, 적절한 합의를 이룬 후에 학원에 보내기도 하고, 정리하기도 했습니다.

'100일 원칙'은 비교적 순탄하게 잘 적용됐습니다. 안아는 이후 조금 힘들어했지만 발레 학원에 즐겁게 다녔습니다. 그리고

배운 걸 엄마와 아빠에게 가르쳐 주는 가족 발레 시간도 별도로 편성해서 엄마와 아빠를 종종 아주 힘들고 즐겁게(?) 했습니다. 미술 학원도 마찬가지였습니다. 이유를 구체적으로 말하지 않으면서 무조건

"미술 학원 그만 다니면 안 돼?"

라고 했습니다. 하지만 저의 답은 같았습니다.

"지금 처음이라서 힘들 거야. 아마도 좀 더 다니면 적응하지 않을까? 그러고 나서도 힘들고 그만두고 싶으면, 다시 이야기해보자."

솔직히 미술 학원에 그만 다니고 싶어 하는 안아의 요청은 발레 때보다 더 간절했습니다. 눈물로 호소한 적도 여러 번이어서 '정말 미술은 그만둬야 하나?'라고 진지하게 생각할 정도였습니다. 하지만 '100일 원칙'을 지켰습니다. 그 결과 안아는 지금까지 미술 학원에 즐겁게 다닙니다. 덕분에 안아와 함께 책을 만들 수도 있었고, 2년이 지난 8살 때는 2개의 대회에서 입상도 했습니다.

원칙 없이 이현령비현령(耳懸鈴鼻懸鈴)하게 되면, 아이도 기준 없이 요구하고, 포기하게 됩니다. 안아는 뭔가를 시작할 때는 쉽게 이야기하면 안 된다는 사실을 여러 번의 경험을 통해 깨달았습니다. 이후 초등학교에 들어가고 나서는 피아노 학원에 다니고 싶다고 아우성쳤는데,

"안아야, 한 번 다니기 시작한 학원은 열심히 다녀야 한다는 거 잘 알고 있지?"

라는 질문을 여러 번 되풀이하고 나서 학원에 등록했습니다.

주아는 어떨까요? 주아는 현재 어린이집을 1년 넘게 다니고 있습니다. 세 살 때부터 다녔고 이 과정도 아내와 상의해서 결정했습니다. 코로나19 관계로 문화센터 등과 같은 체험은 거의 하지 않았는데, 몇 달 전에 주아가

"제발, 한글 좀 가르쳐 주세요!!"

라며 눈물을 흘리면서 호소했습니다. 공부하고 싶은 게 아니라, 언니가 일본어를 배우는 시간에 한글을 배우고 싶었던 것이죠. 즉, 언니 따라 하기를 원했던 것이었습니다. 이미 '조주아' 석자를 수천 번도 더 가르쳐 줬는데, 잘 모르고 글씨 배우는 데 관심 없던 아이가 갑자기 학구열에 불타오를 일은 거의 없을 테니까요. 그래도 진지하게 아이의 이야기를 듣고, 아내와 상의해서 가성비를 포기하고 실행했습니다. 주아는 여러 가지 이유로, 현재 한글 배우는 시간을 좋아합니다.

그리고 이후 저는 주아한테 종종 만족도를 묻습니다. 지금까지는 좋아합니다. 사실 안아 때는 가성비를 많이 고민했는데 주아는 그렇게 되지 않네요. 역시 아이들은 다릅니다. 그러니 아이마다 다른 원칙이 필요한 것이죠.

함께 걷는 교육 원칙 6가지

안아가 '영유'에 다닐 때였습니다. 대부분 학생은 적절한 수준으로 레벨이 올라가고, 영어 실력이 늘었지만, 유독 한 학생은 그렇지 못했습니다. 원인을 알고보니 부모가 잘 서포트하지 않아서였습니다. 그저 '영유'에 보내면 알아서 영어를 잘할 거로 생각한 듯합니다. 많은 교육 비용이 들어가니, 그렇게 생각할 수도 있습니다. 그러나 일대일 개인 교습이 아닌 이상 그럴 수 있을까요? 부모가 계속 동기 부여해주고 관심 가져주지 않으면 비효율적인 교육이 될 수밖에 없습니다. 물론 공부가 전부는 아닙니다. 하지만 일단 '영유'에 보냈다면 적어도 자녀의 영어 실력 향상이라는 목적이 있지 않았을까요? 다른 친구들은 어느 정도 성과가 있는데 혼자만 영어가 늘지 않는다는 사실은 아이에게도 상실감을 주었을 것입니다. 주변에서 좋다고 해서 무작정 따라 해서는 안 됩니다. 그리고 새로운 교육을 하기로 결정했다면 부모가 먼저 교육 시스템을 이해하고 자녀가 그 안에서 성공적인 교육을 받을 수 있도록 보조해줘야 합니다. 아이에게 맞는 교육을 하는 기관인지 아닌지 제대로 파악하지 못한 상태에서, 무조건 사교육을 시작하면 처음 생각한 목표 달성은 점점 멀어집니다. 흔히 말하는 '본전' 뽑기가 쉽지 않습니다.

안아가 초등학교 갈 때쯤이었습니다. 당연히 여러 초등학교를 고민했습니다. 아내는 사립 초등학교에 보내자고 했고, 저는 의

구심을 품었습니다. '비용을 따져볼 때 그 정도 가치가 있을까?' 이후 여러 경로로 정보를 수집했고, 입학할 수 있는 루트도 알아봤습니다. 결론적으로 지금 안아는 집 근처 공립 초등학교에 다니고 있습니다. '가성비' 측면만이 아니라 사립학교의 장단점을 세밀히 따져보았습니다. 물론 장점도 있었지만 여러 조건을 따져볼 때 사립학교를 보내야만 할 절대적 이유가 없었습니다. 대부분 사립학교에 다니는 아이들은 엄마가 판단해서 보냅니다. 첫째가 다녔으니 둘째도 다니는 경우도 있고, '사립이니 더 좋겠지?'라는 막연한 기대심리로 보내기도 합니다. 하지만 사립학교에 보내야만 하는 절대적인 원칙은 없는 듯합니다. 좋은 교육을 제공하겠다는 마음은 있으나, '좋은 교육'과 관련한 원칙이 없는 것이죠.

저와 아내는 원칙을 가지고 교육하려고 항상 노력합니다. 아이를 부모가 원하는 방향으로 몰아가지 않고 자녀와 함께 걸으며 교육하기 위해서죠. 이 원고를 쓰면서 지금까지 저희가 정하고 지켜왔던 원칙을 6가지로 정리해 보았습니다.

첫째, 부모가 가르쳐 줄 수 있는 분야는 사교육을 시키지 않는다.

초등학교 1학년이 됐지만 아직 학습 학원에는 보내지 않고 있습니다. 앞으로도 집에서 가르쳐 줄 수 있으면 학원은 보내지 않을 생각입니다. 주변을 살펴보면 기본적인 단계부터 학원에 많이 의존하는 부모가 많습니다. 하지만 '학원은 부모가 교육하기 힘들

때 도움받을 수 있는 곳'이라고 생각합니다. 물론 맞벌이 부부같은 어쩔 수 없는 상황일 수도 있겠죠. 이런 경우에는 '국영수'가 아니라 아이들의 적성을 찾아볼 수 있는 학원에 보내면 어떨까요?

앞서서 말했듯이 아이들이 학원가고 없는 시간에 부모들끼리 모여서 소통하는 정보는 대부분 '~하더라'입니다. 즉, 검증된 내용이 아니라 어떤 지역에서, 혹은 어떤 학원에서 '~하더라'라는 내용이 대부분입니다. 그리고 이런 내용을 전달하는 화자(話者)는 거의 한 명입니다. 예를 들어 다섯 명이 모였을 때 각자 다른 정보를 내놓는다면, 정보교환이 될 수 있을지도 모르죠. 하지만 그렇지 않고 한 두 명이 모임을 이끌어 가는 게 현실입니다. 한번은 안아가 다니는 학원 휴게실에서 안아를 기다리고 있는데, 할머니 한 분이 다른 엄마들에게 과거 자녀 교육과 관련한 내용을 자랑삼아 말씀하고 계셨습니다. 적어도 20년이 지난 이야기였습니다. 그 이야기를 듣고 있는 엄마들의 목적은 분명 '킬링 타임'이었으리라 생각합니다. 다들 건성으로 고개만 끄덕이고 있었으니까요.

저는 안아가 영어 유치원에 다닐 때 동급생 엄마들을 독려해서 '아이들을 위한 부모 학습 동아리'를 만들자고 제안했습니다. 처음에는 대다수 부모가 동의했지만 결론적으로 동아리는 조성되지 못했습니다. 이유는 '바빠서'였습니다. 사실 제가 제안한 내용의 핵심은 '부모 학습'이었습니다. 쉽게 말해서 책 좀 읽고, 서로 토론하자는 것이었죠. 이런 모임을 한 번도 경험하지 못한 엄마들은 시작하기도 전에 겁먹고 포기한 듯합니다. 대한민국 성인 평균 독서

량을 생각해 보면 책 한 권 읽는 것도 꽤 버거운 일이니까요. 그 와중에도 끝까지 모임을 하고자 했던 엄마 두 분이 계셨는데, 두 분다 '워킹맘'이었습니다. 다른 분들은 다 전업주부였고요. 여러 가지 생각이 들었습니다. '워킹맘보다 전업주부가 더 바쁘구나!'라는 생각도 들었고, '카페에서 정보교환할 시간은 있어도 책 읽을 시간은 없구나!'라는 생각도 들었습니다. 정답은 없겠죠? 하지만 아이들은 학원에 보내고 카페에 모여서 몇 시간 보낼 바에는 좋은 책을 읽고 서로 나누는 게 더 낫지 않을까요?

둘째, 내 아이를 잘 알 수 있도록 노력한다.

첫 번째 원칙을 고수할 때 가능한 원칙입니다. 부모가 기본적으로 아이를 직접 가르쳐 본 경험이 없으면 자녀를 제대로 파악하기 어렵습니다. 아이를 이해한다는 건 더 힘들고요. 각종 부모교육을 하시는 강사님들도 "내 자녀를 직접 가르치는 건 너무 어려워!"라고 하시더라고요. '역자교지(易子敎之)'라는 말이 있습니다. 나와 다른 사람의 자녀를 서로 바꾸어 가르친다는 의미입니다. 그만큼 자기 자녀를 직접 교육하기 힘들다는 뜻이기도 합니다. 하지만 현대는 '역자교지'할 상황이 아니죠. 과거에는 학교가 적절한 대리 교육을 수행했지만, 현시점에서 그렇다고 인정하는 부모는 별로 없습니다. 공교육이 무너졌고, 사제관계도 과거와 같지 않습니다. 그리고 학원은 오로지 점수와 성적을 위해서만 위탁한 기관이니 진정한 의미의 교육과 거리가 멉니다. 결국, 어렵더라도 부모가 자녀를 교육해야 합니다. 그리고 아이를 직접 교육하기로 마음먹었다면, '내 아이는 내가 가장 잘 안다.'라는 착각에서 벗어나야 합니다. 물론 부모는 자녀에 대해서 잘 압니다. 적어도 남들보다는요.

아이가 좋아하는 색깔, 음식, 놀이, 친구 등과 장래 희망에 대해서 얼마나 알고 있는지 생각해 보십시오. 이런 것들을 미취학 시절에는 알았다 하더라도 학교에 들어가면 아이의 관심사보다는 성적이 중요해집니다. 대체로 예체능과 관련한 학원을 정리하고 '국영수' 학원에 집중하는 현상이 이를 증명합니다. "한국에서 자녀를 키우려면 어쩔 수 없이 성적을 따질 수밖에 없다!"라고 주장할 수 있습니다. 하지만 과거처럼 학교 성적이 절대적이지 않다는 건 많은 부모가 잘 알고 있습니다. 그리고 그렇게 중요하게 생각하는 성적도 자녀를 제대로 알지 못하면 쉽게 올리기 어렵습니다. 성적이 좋지 못한 과목과 관련한 학원에만 보낸다고 성적이 오르는 게 아닙니다. 자녀의 성장과 발전을 원하지 않는 부모는 없습니다. 하지만 이런 바람을 실현하기 위해서 부모는 뭘 하고 있나요? 아이를 잘 알기 위해서는 대화를 자주 해야 합니다. 아이의 말을 잘 들어줘야 합니다. 정말 쉽지 않은 일이죠. 대화는 서로의 이야기를 듣는 것입니다. 하지만 대화로 시작한 시간이더라도 결국 부모의 일방적인 목소리로 끝맺을 때가 많습니다. 아이들은 이런 대화를 '잔소리'라고 합니다.

저는 현재 음악, 미술과 관련한 교육과 학습을 최대한 진행하려고 합니다. 아이들이 하기 싫다고 하면 모를까 제가 먼저 나서서 정리하지는 않을 것입니다. 아이의 풍성한 삶을 위해서 분명 필요한 영역이니까요.

셋째, 다른 사람의 이야기에서 정보를 얻지 말고 스스로 찾은 정보를 신뢰해야 한다.

주말 부부를 끝내고 가족들과 같이 살면서 저만의 블로그를 쓰기 시작했습니다. 처음에는 일주일에 정도 쓰다가 그 횟수를 늘리게 됐습니다. 일상적인 이야기를 '쭈욱~' 쓰는 형식이 아니라 아이와 경험한 일을 쓰기도 했고, 아이의 말을 그대로 옮겨 적기도 했습니다. 그리고 제가 잘못한 일에 대해서도 솔직하게 썼습니다.

블로그를 쓰다 보니 전문적인 지식이 부족하다는 것을 깨달았습니다. 그래서 교육과 관련된 책들을 정기적으로 읽기 시작했습니다. 매달 한 권 정도는 읽어야겠다는 생각으로 부지런히 읽었습니다. 그러다 보니 꽤 다양한 서적을 읽을 수 있었습니다. 그러면서 좀 더 나은 부모의 역할에 대해서도 생각할 수 있었고요.

종종 안아와 비슷한 또래의 자녀가 있는 부모들과 이야기를 나눕니다. 다들 자녀 걱정이 대단합니다. 그러면서도 방향 설정은 제대로 하지 못하고 있었습니다. 이유는 간단합니다. 마음은 간절한데 방법을 모르고 있었습니다. '~하더라'에 의존하는 경우가 많았고요. 결론은 "부모도 꾸준히 학습해야 한다."입니다. 스스로 배워야 우리 아이들에게 적용해 볼 수 있습니다. 정말 주의해야 할

것은 '~하더라'입니다.

넷째, 권하되 강요하지 않는다. 원하는 걸 들어주되 포기를 쉽게 용납하지 않는다.

아이가 성장하면 하고 싶은 게 많이 생깁니다. 그리고 부모가 원해서 시키는 것들도 늘어납니다. 저는 안아한테 피아노와 같은 악기를 빨리 경험시켜 주고 싶었지만 안아는 발레와 미술을 원했습니다. 저는 권하되 강요하지 않았습니다. 하지만 발레와 미술이 싫다고 그만둔다고 했을 때 저는 포기도 쉽게 용납하지 않았습니다. 어려운 시기를 조금 넘기면 괜찮아지리라 생각했기 때문입니다. 물론 처음에는 두려웠습니다. 역반응으로 '다른 것들을 배우는 걸 포기하는 건 아닐까?' 아니면 '현재 배우는 과정을 부정적으로 생각하지는 않을까?' 등 여러 근심 어린 생각들이 한동안 제 머릿속에 가득했습니다. 감사하게도 안아는 어려운 고비를 넘기면서 즐겁게 배우며 성장하고 있습니다.

주아는 안아와 성향이 달라서 같은 방법을 적용하기는 힘들 것입니다. 하지만 쉽게 포기하는 건 옳은 게 아니라는 건 가르쳐 주려고 합니다. 어린 자녀는 자신에게 필요한 부분을 잘 모릅니다. 단순하게 친한 친구들이 하면 똑같이 하려고 하고 고비가 오면 그만두고 싶어 합니다. 부모는 나무도 보면서, 숲도 봐야 합니다.

다섯째, 미래의 시민을 교육한다고 생각하자.

4차 산업혁명 시대라는 말이 홍수처럼 범람합니다(최근에는 '메타버스'가 이슈입니다). 하지만 대다수 부모는 그 말을 정확하게 잘 모릅니다. 왜냐하면, 나와 상관없다고 생각하기 때문입니다. 그러나 잘 알아야 합니다. 우리 자녀들이 그 세상의 주역으로 살아가야 하니까요.

과거에는 부모의 인생과 자녀의 인생 과정이 크게 다르지 않았습니다. 열심히 공부해서 대학교에 들어가고 졸업하면 취업하고, 적당한 때가 되면 좋은 사람 만나서 결혼합니다. 그래서 자녀를 낳고 내 집 마련하는 게 보편적인 인생 사이클이었습니다. 이런 현상을 '에스컬레이터 효과'라고도 합니다. 하지만 이런 시대가 저물었다는 것은 10대 청소년들도 알고 있습니다. 대학만 나오면 쉽게 했던 취업은 전쟁터를 방불케 하며, 평생직장 개념도 사라졌습니다. 내 집 마련보다도 당장 '하차감'이 좋은 외제차를 몰고 다니는 '카푸어'가 범람한 시대입니다.

아울러 미래에는 인공지능과 경쟁해야 하는 시대라고 합니다. 쉽게 말해서 직장이 더 사라질 거라는 이야기입니다. 일자리를 전망하는 자료들을 보니 710만 개의 일자리가 사라지고 200만 개의 일자리가 새롭게 생긴다고 합니다. 미래를 장밋빛으로 예측하기보다는 부정적으로 예측하는 사람이 훨씬 많습니다. 이런 내용은 기본 중 기본입니다. 그러나 이런 기본조차도 잘 알지 못하는 부모가 많습니다. 여전히 많은 부모가 과거와 다르지 않게 명문대

학, 로스쿨, 의대를 선망하고 아이들에게 강조합니다. 새로운 시대를 가르쳐 줘야 할 부모가, 본인의 학벌 콤플렉스를 대리 극복하기 위해서 아이들을 내세웁니다. 부모가 과거의 늪에 빠져 있는데 자녀들이 미래의 하늘을 날 수 있을까요? 현재 우리 자녀들은 부모라는 든든한 울타리가 있습니다. 그리고 그 안에서 웃으면서 큰 걱정 없이 살고 있고요. 하지만 이 울타리가 얼마나 버텨줄 수 있을까요? 우리 부모님 세대보다 더 빨리 자녀들을 위한 울타리를 거둘 수밖에 없을 것입니다. 그러니 아이들의 미래를 더 진지하게 고민해줘야 합니다.

여섯째 '평균의 함정'에 빠지지 말자.

첫째 안아는 다섯 살 때는 유치원만 다니게 했고, 여섯 살 때는 원하는 미술 학원, 발레 학원에도 보냈습니다. 이때까지 흔히 말하는 국어, 수학은 전혀 가르치지 않았습니다. 국어는 교육 방송 '한글이 야호 2'를 보고 배워서 네 살부터는 조금씩 글자를 알게 됐는데, 7살이 되니 한글을 읽는 데 어려움이 없었습니다. 다만, 글씨를 잘 쓰지는 못했습니다. 오히려 '영유'에 다니다 보니 알파벳을 더 잘 썼습니다. 한글은 거의 그림을 그리는 수준이었고요. 수학적인 개념은 거의 없었는데 유치원에서 10이 되는 더하기 정도는 학습하고 있었고, 10안의 숫자는 뺄셈도 할 수 있었습니다. 그러던 어느 날 안아한테 7 더하기 3을 물어보니, 10이라고 얼른 대답하지 못했습니다. 좀 답답했습니다. 집에서 전혀 가르치지 않았으니 당연한 일이었는데, 제 어린 시절과 비교하니 안아의 산수 능력이 만족스럽지 않았습니다.

　　대한민국 대부분의 일곱 살은 한글을 읽고, 쓸 수 있습니다. 물론 초등학교에서는 한글 교육 강화 목적으로 국어 시간을 많이 배정하고 있습니다. 그러나 아이러니하게도 한글을 모르면, 다른 과목을 해결할 수 없습니다. 국어 시간에는 자음과 모음을 배우지만, 다른 과목에는 이미 문장이 나오기 때문이죠. 웃어야 할지, 답답하다고 해야 할지.

　　육아와 양육과 관련된 책에서는 조기 교육을 대체로 부정적으로 설명합니다. 일찍 배우면 나중에 싫증 낼 수 있어서 늦게 배운 아이들과 별 차이 없다는 게 이유입니다. 여러 실험 결과가 있으니 전혀 근거 없는 주장이 아닙니다. 그러나 대부분 근거의 출처는 우리나라가 아니라는 함정이 있습니다. 즉, 조기 교육을 하지 않는 문화가 정착한 유럽 등의 사례가 대부분입니다(유럽에서도 조기 교육을 강행하는 부모는 존재합니다).

　　그러니 우리나라 상황에 무턱대고 적용하는 건 무리가 있습니다. 물론 강압적으로 공부를 강요하는 것은 좋지 않다고 생각합니다. 단, 아이의 수준과 관심사를 고려해서 조기 교육을 실행하는 것은 우리나라의 교육 상황을 고려할 때 적절하다고 생각합니다.

　　안아는 언어 능력이 좋은 편입니다. 어린 나이인걸 고려하면 글도 창의적으로 쓰고 말도 잘하는 편입니다. 그래서 새로운 언어에 반응할 때가 있습니다. 전 그 순간을 놓치지 않죠. 그래서 현

재는 일본어를 조금씩 배우고 있습니다. 혹, 후에 더 배우길 원하면 어학원에 보낼 생각입니다. 아홉 살짜리가 국어, 영어, 일본어를 배우고 있으니 이만한 조기 교육이 없겠죠. 현재 국어는 2학년이지만 4학년 이상 수준의 본문을 이해하고 문제를 풀며, 영어는 제가 고등학교 때 읽었던 본문을 읽고 이해합니다. 일본어는 '히라가나'와 '가타가나'를 다 끝내고 문장을 읽는 수준이고요. 자랑이 아니라, 아이의 재능을 발견하는 데 애쓴 보람이라고 생각합니다. 아쉽게도 주아한테는 두드러지게 드러나는 재능이 보이지 않네요. 새로운 숙제라고 생각합니다.

이때 주의할 사항은 교과 과목의 성적 향상을 위한 조기 교육이 아니라, 아이들의 잠재력을 키워주고, 재능을 찾아주기 위한 조기 교육이어야 합니다. 최근에 한 모임에서 한 선배의 이야기를 들을 기회가 있었습니다.

> "한 전문 과외 선생님이 그러시던대, 초등학교 5학년 때부터 준비하지 않으면, SKY 대학에 갈 수 없대. 그래서 난 지금 골프 시키고 있어."

초등학교 5학년 때부터 일류대학에 입학하기 위해서 준비합니다. 이게 정상일까요? 누굴 위한 입시 준비인지, 알 수 없습니다. 조기 교육은 자녀의 적성을 찾는다는 목적으로 시작하는 게 중요합니다. 흥미와 취미, 여가를 위한 교육도 중요하지만 그러면서 전략적으로 아이의 미래를 위한 선택지로 활용해야 합니다. 예를 들어서 피아노를 일찍 시작했고, 아이도 만족한다면 피아노와 관련한 미래를 고려해 보는 게 좋지 않을까요?

　　꼭 피아니스트를 말하는 게 아닙니다. 음악과 관련한 다양한 직업(음악 교사, 강사, 작곡가 등)을 생각해 보는 것이죠. 아이가 피아노를 좋아해서 피아니스트 같은 전공자만 떠올리면, 아이가 싫증 낼 수도 있고, 학년이 올라가면 그만둡니다. 그러나 음악과 관련한 여러 직업 등을 떠올리면, 아이가 선택할 수 있는 스펙트럼이 넓어집니다.

　　피아노 학원에서 한 학생이 콩쿠르 준비를 했다고 합니다. 그런데 열심히 준비해서 대회에 출전하고 난 후에 피아노를 그만뒀다고 하네요. 준비과정이 굉장히 힘들었다는 게 그만둔 이유였습니다. 부모가 바랐던 바는 아니었다고 생각합니다. 성취를 위한 어려움은 분명히 존재합니다. 그러나 부모가 바라는 성취와 아이의 바람이 다르다면 그 어려움 - 부모의 만족을 위한 고됨 - 을 왜 아이가 겪어야 할까요?

　　아이의 인생에서 정해진 답은 없습니다. 전 부모가 정해 놓은 답을 '평균'이라고 생각합니다. 그런데 평균에 일치하는 사람은 거의 없다고 하네요. 그러니 평균의 함정에 빠진 부모만 있을 뿐이죠.

에필로그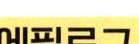

혼자서 끄적이던 글을 '브런치'에 옮겼습니다. 반응이 좋은 글도 있었고, 그렇지 않은 글도 있었습니다. 출판하기로 마음먹으면서 글을 새롭게 정리했습니다. 제목도 바꾸고, 어조도 조금씩 다듬었습니다. 무엇보다 약 삼 분의 일 정도 되는 교육 내용을, 여러 지인의 조언을 수용해서 덜어냈습니다. 그렇게 했더니 책이 한결 가벼워졌습니다. 무게감도 덜하고요.

    이 글은 현재를 살아가는 '청춘'을 위한 글이고, '초보 남편', '초보 아빠'를 위한 글입니다. 혹, 지금까지 '아빠'지만 '찐' 아빠로서 살아오지 못한 많은 아빠를 위한 글이기도 합니다. 감히 훈계하려는 마음으로 정리한 글은 아닙니다. 다만, 독특하게 어려운 청춘 시절을 보냈고, 우연히 결혼해서 두 아이의 아빠가 된 평범한 대한민국 남성의 이야기입니다.

    현실은 참혹하고, 아이들의 미래 또한 밝지 않습니다. 매일 등장하는 보도는 천인공노(天人共怒)할 사건들로 가득합니다. 저는 이와 같은 어두운 사회의 원인 중 하나로 가정의 붕괴를 지적하고 싶었습니다. 그리고 이 붕괴의 원인으로 가족 구성원의 일원이지만 가족안에 적극적으로 참여하지 못한 '아빠'를 다루고 싶었습니다. 새벽에 깬 아이를 잘 달래지도 못하고, 심지어 자는 척하면서 회피하는 아빠, 아이와 단둘이 남게 되면 머릿속이 하얗게 되는 아빠, 아이가 성장해서 교육이 필요한 시절이 되면 점점 더 멀어지는 아빠. 결국, 아빠라는 존재는 열심히 하면 '꼰대'가 되고, 열심히 하지 않으면 '서열 꼴찌'가 되는… 이 모든 게 자업자득이라는 생각이 들면서도 한편으로는 안타까웠습니다. 그리고 이 모든 비판과 부정적인 언어는 여전히 저를 향하고 있음을 고백합니다.

　　　세상이 바뀌었습니다. 진정한 남녀평등이 보편적인 현상으로 도래할 시대가 얼마 남지 않은 듯합니다. 그리고 이러한 시대적 호소를 긍정적인 변화로 만들기 위해서는 가정에서의 역할이 중요합니다. 그리고 그 중심에는 '남편'이자 '아빠'가 서 있습니다. 그 시작이 바로 '공동 육아', 이 책을 통해 제가 표현하기로는 '함께 걷는 육아'입니다.

　　　첫째 딸이 세 살이 됐을 때, 비로소 아빠 되는 연습을 시작했습니다. 현재 저는 보호자 '아빠' 역할은 꾸역꾸역 하고 있지만, 여전히 '좋은 아빠'랑은 거리가 먼 듯합니다. 그래서 가끔

　　　"그래 '그냥 아빠'로 살자. 어차피 '좋은 아빠'가 되기
　　　는 글렀다."

라고 체념하기도 합니다. 하지만 이 글들을 연재하고 다듬으면서 '과정'을 생각했습니다. 육아와 양육의 결과를 어떻게 알 수

둘째는 아빠가 다 키웠어요

있을까요? 그저 아이들이 성장하는 과정을 볼 뿐입니다. 마찬가지로 그 과정에서 '아빠'도 성숙합니다. 아이가 나날이 성장하는 것처럼 아빠도 오늘보다 내일 더 성숙하면 된다고 생각하니 조금 용기가 났습니다.

"아직 늦지 않았다. 나는 오늘보다 내일 더 좋은 아빠가 될 수 있어."

며칠 전 아내랑 대화 중에 주아의 발음과 관련해서 이야기하게 됐습니다. 예를 들면, "그랬어요."를 주아는 "그랬떠요."로 발음합니다.

"안아는 다섯 살 때 발음 정확했던 거 같은데."
"그래? 그러면 한번 영상 찾아볼까?"

그러고 나서 지난 영상을 찾아서 보게 됐습니다. 안아는 정확하게 발음하고 있었습니다. 그런데 그 영상을 보면서 우리 부부는 새로운 사실을 알게 됐습니다. 최근에 안아와 관련한 대화를 하면,

"우리 딸이 언제부터 저렇게 된 거지? 좀 특이하지 않아?"

라는 이야기를 나눴는데 다섯 살 때 영상을 보니 안아는 달라진 게 없었습니다. 키가 크고, 체중이 늘고 학교에 다닌다는 점을 빼면, 그대로였습니다. 문제는 우리 부부의 생각이었죠. 주아가 생기면서 알게 모르게 주아와 비교하고 있었던 것이었습니다. 상대적으로 평범한 주아가 기준이 됐던 것이죠.

'안아는 변한 게 없었는데, 새로운 잣대를 내가 만든 것이구나!'

안아 입장에서 생각해 보면 엄마, 아빠의 갑작스러운 반응에 당황스러웠을 듯합니다. 그 사실을 주아가 다섯 살 된 해에 알게 됐으니 안아가 얼마나 힘들었을까요? 다행히도 저는 반성하고 있고, 이런 자세가 조금 더 성숙한 어른이 돼 가는 과정이라고 생각합니다.

아빠가 육아에 관여하고 양육과 교육에 적극적으로 참여하는 게 바로 '좋은 아빠'가 되는 길이라고 생각합니다. 물론 아이는 싫어할 수 있다는 반전이 있을 수도 있습니다. 부부는 둘이지만 하나라고 합니다. 그런데 왜 아이 문제에 있어서는 '독박'이라는 표현이 있을까요?

원인은 다양하겠지만 세상의 급격한 변화에도 묵묵히 현상을 고수하려는, 남성의 쓸데없는 자존심이 큰 원인이라고 생각합니다. 우리는 과거 '아빠'를 가장(家長)으로 예우했습니다. 그러나 현재는 가장(假裝)이 된 것은 아닌지. 오늘보다 내일, 더 좋은 아빠가 되고 싶은 많은 아빠, 그리고 새벽에 잠에서 깬 아이를 어떻게 해서든 아내를 깨우지 않고 재우려 하는 남편, 그리고 더 좋은 부모가 되고 싶은 부모들과 함께 나누고 싶은 이야기였습니다.